異次元への招待状／目次

第三幕

プロローグ

高原の湖畔で、夜に入っていました。

クローバに寝そべり、私はひとり大宇宙の凄さに魂をわしづかみにされたのです——全天の星群で、光のシンフォニーに、ふしぎな恍惚感が拡大してゆきます。そう、星々の光度に、強弱または大小の差がある、とわかってきました。いえ、むしろ星たちの群落で、それらも層をなし、互いに光芒の対話をしているようです。

（なんと賑やかで……だけど神秘感をふりまいていることだろうか！）

夜の高原……人間社会から隔絶し、でも孤独感はありません。いえ、逆に内面が解放され、星座と共に拡大されてゆきます。そうです、社会の現実状況に、圧倒されて自己を失っていたようです。いま大宇宙の凄さに、潜在の能動性をひき出されるらしい……。

「光の洪水……雄大神秘のシンフォニー……宇宙性の恍惚にひき込まれるけど……同じ根源との対話、または復帰かもしれない」

モノローグになり、その能動性から、上半身をもたげていました。

「だって人間のDNA三十億の配列と、銀河系とがよく似ているらしい、と言うのだもの。そう、人類の出現そのものを、人間がつくりだせたわけではないから……」

「それなら人類はいま、内面的に混迷、または空洞に近いのでなかろうか。多くの事件、対立など、理性や、専門技術で打開しようとしているけど……破綻した場合、心の安らげる状況にはない！」

暗いワイド・スクリーンを、流れ星がスーッと斜めによぎり、幻影のように消えました。まさに大宇宙の詩で、神秘感に恍惚となり……内面のこんな照応に、実は異質の暗示がひそんでいるように思えます。

第一幕

三大不条理

大宇宙の凄さと、不思議に、潜在性が触発されたのでしょうか。内面対話が止まらなくなり、非日常のテーマに、身も心もひき込まれてゆくのです。

「パスカルは宇宙と人間を対比的にとらえ――宇宙は人間より強大でも、自覚がないけれど、人間は自己の有限を知る。だから宇宙より偉大で、〝考える葦〟のようなものと言ったが……」

「そういう人類を出現させたのもまた、大宇宙の現象でしかなく……対照ではなく、一枚金貨の裏と表、照応でないだろうか？」

星々のまたたきを仰いでいると、子供の頃のメルヘンが戻ってくるように思えます。

「自分」なんかなく、社会だって影法師めいて、ただ悠久の光の中にいるだけです。

「人間の有限性を、パスカルは葦にたとえたけど……。人間の立場で言えば、不条理と叫ぶべきでないでしょうか。だって、死にたくない、という心情に対し、死なずにおれないなど、絶対の矛盾です！　どちらも人間は与えられており……それを思って、悩まずにおれません」

「風にゆれる葦とはいえ、人類は考える力で、これを乗り越えようとしてきたわけです。〝神〟の観念など、他の動物たちにはないようですから……。ところが伝統の神なら、なぜこれほどの不条理が起こるのか⁉　と叫ばずにおれないでしょう――二十一世紀最大の課題こそ、人間性にひそむ精神性への憧れと……不条理さえ超えられる理念かもしれません」

巨大な暗色に、流星が燃えつきたか、と思えるのに……他の星々は変わりなくまたたいています。――人類文明の雄大な流れと、個々人の生涯、その落差を思わされます。

（自然界からの消滅……個人の運命落差……これらを包む形而上性）

二十一世紀の人類こそ、近代性から脱出し、異質の回転……星々の暗示の中に立っているのではないでしょうか。

超論理に脱皮

「二十一世紀初頭のいま、人類文明は境界点に立っているんじゃないでしょうか——けんらんの現象に魅惑され……でも、内面状況は空洞に近く……大地に立つ巨樹のようには、身を寄せ難いんじゃないでしょうか？」

「近代文明が限界にきて、ルネッサンスの時に似て、脱皮を迫られているようです」

「多くの知性人がそれを感じ、いろんな主張はあるものの……人間を潜在領域から、全身全霊でゆり動かすものにならないでしょう」

「近代思考の革命ということらしく……でも、人類が月の地表を歩くより、ずっと困難に違いありません。月なら外部の対象ですが、思考は人間自身の潜在領域だからです」

「脱皮しようとして、超心理研究の専門家など——〝透視〟とか〝念写〟など、実験で示すのですが、なお公認に至りません」

「自然科学の論理と、その成果としての技術文明で、現代生活が営まれているからでしょう。中世の神秘主義から脱皮してきたわけですから、逆戻りと映ることを、容認できないのかもしれません」

「超能力は少数者だけだし、超常現象などどくり返し難いから、一般性として容認できないのですか?」

「でも、自然科学の最先端で、従来の論理が崩壊しはじめたでしょう。本質の回転を迫られ、二十一世紀は人間自身、姿勢の転換をせずにおれないようです」

「具体的に言えば、どういうことでしょうか?」

「全く門外漢だけに、むしろ恥を知らずに言えるのでしょうが……。実に多面にわたりましょう――アインシュタインの相対性理論を象徴に、従来の合理性から脱皮しているわけでしょう」

「…………」

「銀河系の構図と、人間のＤＮＡとが相似と言うのも……人類は進化の途上で、アインシュタインを象徴に、その自覚を迫られているのでしょう」

「…………」

「超論理は多面にわたりますが、同じ根源から出ているに違いありません——先ず有名な〝ビッグ・バン〟を考えてみましょうか」

「宇宙は大爆発で始まり、現在も拡張中とか——だから、二〇〇八年の宇宙より、二〇〇九年の宇宙は広さが拡大する。……それなら、二〇〇八年の宇宙の外側はどうなのだろう？　と問わずにおれません」

「ごぞんじどおり、二〇〇八年の宇宙が絶対空間で、外側などというものは存在しない。それなのに二〇〇九年になれば、宇宙は二〇〇八年より拡大する——首をかしげずにおれませんが、ナマ身の人間は三次元の存在なので、そういう思考法をとりたくなるのも無理はないでしょう」

「超能力とか、超常現象なども、類似のことでしょうか」

「ビッグ・バンだけでなく、自然現象についてさえ、超論理に突き当たるようです——自然界は電流の＋（プラス）・－（マイナス）から生物の雌・雄、ミクロからマクロまで整然と対称性で成り立っています。対称性だから、現象がおこるわけでしょう」

「蜂の巣の正六角形とか、氷の整然とした六方性など……自然界の驚くべき構成かもしれませんが……」

「ところが最大の宇宙に、対称物は観測されない。単に科学技術が未発達だからでなく、観測不能と考えられています」

「科学技術の限界、ということでしょうか？」

「そうかもしれませんが、理論物理学者自身、仮説をたててこれに打開の道を開こうとしています——連絡の橋を渡って、もう一つの宇宙に至るであろう……と」

「文学者めいた内容で……。〝もう一つの宇宙〟とはどういうものでしょうか？」

「アインシュタインだって、自分を〝学界の異端〟と呼び、理論物理学者の資質は？　と問われて——既成観念にとらわれないことと、自由な想像力であると答えました。しかも彼の理論は頭の中で生み出されたのに、他の科学者が観測によって、その正しさを確かめているわけです」

「そうであれば人間の頭脳こそ、大宇宙の投影のようで——もう一つの宇宙は実在し、異次元のようなものでないでしょうか……」

「今後なお、多くの批判に照応してゆくべきかもしれません。しかし、自然科学の先端で、自然界の現象を半面性と感じはじめているようです」

「話題の〝ダーク・マター〟でしょうか。自然現象とは異質らしく……」

「超心理や心霊研究を、専門領域にだけとじこもって進めても、公認には至らないでしょう。先端科学とつき合わせ、総合してゆかねばなりません」

「…………」

「論理と超論理の共生こそ、近代性からの脱皮でありましょう」

「これまでの思考法なら、二者択一でしたから……そうなれば、近代性の革命ということになりましょうか」

第二幕

超能力の次元交差

いま、「超能力」にライトが当てられていますが、一方で身近に具体例と接するのは難しいでしょう。それに能力差が大きく、本物、偽物も混在しています。

そこで「三田光一」の凄さをご紹介しましょう。

今から約八十年前、超心理学者の福来《ふくらい》友吉博士が実験者となり、三田は二重の〝はなれ技〟を実現します。証拠品は仙台市の「福来心理学研究所」に保管されており、どなたでもごらんになれます。

時　一九三一年（昭和六年）六月二十四日

　　ＰＭ八：〇〇～八：三〇

所　Ａ　兵庫県須磨　三田邸裏庭

B　大阪郊外箕面　福来邸縁側

登場者　三田光一（超能力者）
　　　　福来友吉（文学博士）
　　　　若い助手

三田　（電話で）もしもし……三田ですが、福来先生ですね。お約束どおり、これから実験に掛かりましょう。
福来　（電話で）こんばんは。幸運にも空はカラリと晴れ、お月さんがきれいですから。
三田　申し上げたとおり……先ずあの月の裏側を、透視しましょう。どれぐらい掛かるか、少し時間を要します。
福来　まさしく今世紀のはなれ技！　こちら側、あの〝兎の餅つき〟ではなく……月の裏面となれば、人類はまだ誰ひとり見ておらんのだ！
三田　いや、透視した、と言ったところで、証明するものがなければ、信用されないわけでしょう。

福来　おっしゃるとおりだが、これは一つのロマンなのです。……これから写真機の乾板に、月の裏面像を〝念写〟していただくのですが……しかし須磨にある三田さんのお宅から、この大阪箕面《みのお》まで、直線にして四十キロメートルはありましょうか……。

三田　月の裏面までと同様、距離はどれほどあろうと、関係ありません。

福来　（感動で独白）月の裏面を透視し……その映像を遠隔念写か……近代科学と相いれず、社会は「狂った妄想」と言うであろう……。

三田　まさに二つの賭けでして……御期待に背くことなく、実現してみせます！

福来　（恍惚感で沈黙）

三田　もう八時ですが……八時二十分を、お約束終了の時としたわけですね。

福来　よろしく、よろしく願います。……（暫くしてから、再びモノローグ）二つの賭けに成功しようと……物理学者らは固定観念から、絶対認めようとしないだろう――先入主にしばられ、現象に対して虚心になれない！　イエス・キリストの奇跡とされるものさえ、おそらく超能力の現象、周りの人々に〝神の力〟と映ったにちがいない……。

須磨の三田邸中庭

三田光一はやや細面《ほそおもて》で、整った容貌――輝く月に向かい、目をとじています――三田は宮城県の北東部、気仙沼の出身です。太平洋に面し、漁業基地で、柳田國男の民話『遠野物語』の遠野と隣接しています。また『銀河鉄道の夜』の宮澤賢治の出身地も近く、おそらく縄文系のＤＮＡでありましょう。

三分ほどして、彼の表情に、微笑が浮かびました。さらに内面の高揚らしく、頬や目元に、恍惚の変化を見ます。……訓練によって、自己催眠の状態となりますが、これは一般に〝入神〟と呼ばれます。客観認識の状況から、意識に変貌がおこり、現象界から遊離してゆきます。超能力の核心部分で、科学的合理性とは異質の領域でしょう。

大阪箕面、福来邸の縁先

写真機を三脚に固定し、須磨のほうに向け、セッティングしてある。若い助手が月の輝きに興奮して、思わず傍の福来にもらす。

助手　でもねえ博士……ほんとうに三田先生、月の裏側なんて、透視できましょうか⁉どんなマジシャンだって、そんなことやれやしないわけでしょう。

福来　ハ、ハ、ハ……その〝博士〟呼ばわり、止めたまえよ。超常現象にかかわったばかりに、東大さえ追放同然の身……博士号なんぞ、お返しだね。……冗談はともかく、三田さんの賭けこそ、近代文明への挑戦だろう。実証によって、固定観念から脱皮する以外ない！

助手　三田先生を〝魔法使い〟なんて呼び、崇拝する人たちがいるかと思えば……全くあべこべに〝ペテン師〟と非難したり……社会の評価なんぞ、全く当てになりません。

福来　だが、そのどちらも俗評でね。きめ手は事実で立証することだろう。……だから三田さん、実証で乗り超えようと、今回の賭けに出たようだ。

助手　地球から月まで、三十何万キロとか……。その裏側を、人間の視覚でどうしてとらえられるのでしょうか？

福来　人類はまだ、表側のあの〝兎の餅つき〟だけしか見ておらんわけだ。どのようにして彼が裏側をとらえるのか……むろん一般の視覚とは、異質の状況と言うべきでしょう。

助手　しかも裏面像を、写真乾板に念写されるなら……三田先生の意識は距離をこえて、光学現象をおこすということじゃないでしょうか⁉

福来　そのとおり！　彼の意識は空間をこえて、光学現象に変容することらしい……。

助手　ますます考えられない……ほんとうに実現しますでしょうか？

福来　たぶんそうなるだろう……自信あってのことらしいから。

助手　どうか三田先生が成功なさり、物理学の先生方を「あっ！」と言わせてやりたい！

福来　いや、事実で実証したところで、彼らはやはり認めようとしない！

助手　実証に対して、科学者なのに、どうして謙虚になろうとしないのでしょうか？

福来　かつて心理学を日本に導入しようとしていたころ、私自身がそうであった。実証を離れて、学究者は発言すべきでない、と主張した。

助手　先生はそれで博士号をお受けになりながら……〝透視〟や〝念写〟の世界に転じられた。実験結果を守られ、物理学の先生方に妥協なさらないから、東京帝大さえ先生を解任とは！

福来　阿呆に違いないが……。近代の合理主義を、金科玉条としていいかどうか……。

映像描写

夜空はきれいに晴れ、遠い星々に囲まれて、満月が明るく輝いている。三田光一は庭に立ち、輝やく月を仰いで、表情が大きく輝きだす。

一般に〝入神〟と呼ばれ、三田の意識は三次元の日常世界をぬけだしはじめる——「超能力」と呼ばれるもので、祖先の「縄文人」たちなら、問題に直面したとき、しばしばその能力を発揮したらしい。

……烈しい嵐が迫り、竪穴住居の集落が全滅となりそうな気配……彼らは戸外に坐り、嵐の中で、迫る黒雲に対し、「嵐よ、進路を変えよ！　……この住居の上を通らんでくれ！」と念じ続ける。迫る黒雲を、激烈なエネルギーがおそい……直進できなくなって、竪穴集落には余波しか届かず、嵐から救われる。

三田の中に潜在エネルギーがよみがえり……月までの三十八万キロなど、一瞬にして消える。距離は三次元界の状況だが、現実に彼のすぐ隣に、月は当然のように浮かんでいる——花巻の宮澤賢治、秋田の平田篤胤らと同様で、近代人の能力と異質というにすぎない。

（予見どおり！　……月の表面と大同小異で、やはり美しい姿やないか！）

三田は福来に話す前に、いちどチラリと見ていたのである。月の裏側とはいえ、周りに星々も変わりなくまたたき、宇宙空間の断片でしかなかった。

（これを立証するには……自然法に転換して、映像化するしか……）


時に一九三一年六月二十四日で、月の裏面がどうなっているか、人類は誰ひとり知りませんでした。一九六九年になって、アメリカのアポロ十一号をはじめ、月の裏面像を撮影してみせます。三田の透視と念写はその三十八年前、三田の超能力を認めるかどうか、現代人なら科学的物証によるしかありません。

とはいえ科学的実証でさえ、宇宙にひそむ法則の一部を、人類が借用したにすぎないわけでしょう。今なお地震や噴火など、人類は自然に翻弄され、惨劇がくり返されています。むしろ野獣や鳥など、彼らのアンテナによって、自然の異変を事前にキャッチして逃げているでしょう。人類は縄文時代ごろまで、潜在感応や自然ルールへの能動性に恵まれていたに違いありません。

三田光一は光線の法則を潜在エネルギーに汲み入れ、「遠隔念写」に転じます。光学の法則も、人類の潜在能力も、大宇宙ルールから出て、根源は同じに違いありません。

福来邸の縁先

助手　（腕時計を見やり）お約束の時間は八時二十分で、もう八時三十分に近いですから……とうに過ぎました。

福来　（懐中時計を右の掌にのせており、チラと見やって）そうね、もう現像にとりかかっていい。……近代文明にとって、画期的な瞬間かもしれない！

助手　どんな結果が出ますか……めくるめく思いですが……。

（つぶやくように言い、写真機二台から、乾板をとり外す）

福来邸の暗室

赤い電灯が見え、助手が乾板を、現像液に浸しています。福来は助手の傍らで、その作業を、真剣な表情でじっとみつめている。二人とも無言で、作業結果に息をつまらせます。

ほの暗い中で、ただ人影がうごめくだけです。

助手　（乾板を外し、弱い光にすかし見ながら）先生、先生！……ごらんください、映っています、映っておりますよ!!（後半で急に声が高まる）。

福来　（低いが、感動の声）見た、見えたよ！……ぼんやりと丸く……月にちがいない。

助手　すぐに暗室から出て、確かめなけりゃなりません！

福来　（恍惚感でぼんやりし）むろん、そうしなけりゃ……。

現像した乾板を、助手が捧げ持ち、暗室を後にします。福来は半ば夢うつつの様子で、機械的に助手に続く。

福来邸の応接間

電灯が明るく、助手はその光線に、現像の乾板を照らします……暗い空間に、白く点々と、星々らしい散らばりを見ます。これらの真中に、大きく仄白く、円が浮かんでおり、一見して月に違いありません！

福来　お、お、やった！　三田さんやったぞ!!（もう一枚の乾板も確かめながら）二枚ともほぼ同じ図形があらわれ……月に違いない、といっても、いつもの月とは別だ。
助手　はい、印画紙に焼きつけてみなければ、はっきりしませんけど……これ、いつもの月とは、確かに違う。
福来　もういちど言うが――月の裏面透視と、その遠隔念写……二重の〝はなれ技〟で、まさに世紀の大実現じゃないか！
助手　表側とはかなり違い、人類が初めて見るものでしょう。
福来はっと手をのばし、助手と強く握手し、同時に二人は「ワ、ハ、ハ……！」と、大哄笑し続けた。

科学的立証

「三田の月面裏透視と、その遠隔念写をどう立証したらいいのか。また、自然科学の思考法とつき合わせ、どう理解できますでしょうか。ただ証拠写真だけ示されても、白い闇の前に立つのと変わりありません」
「そう、そこがこのテーマの鍵で、現時点に立って、足場を進めましょう」

Fig. N. 1

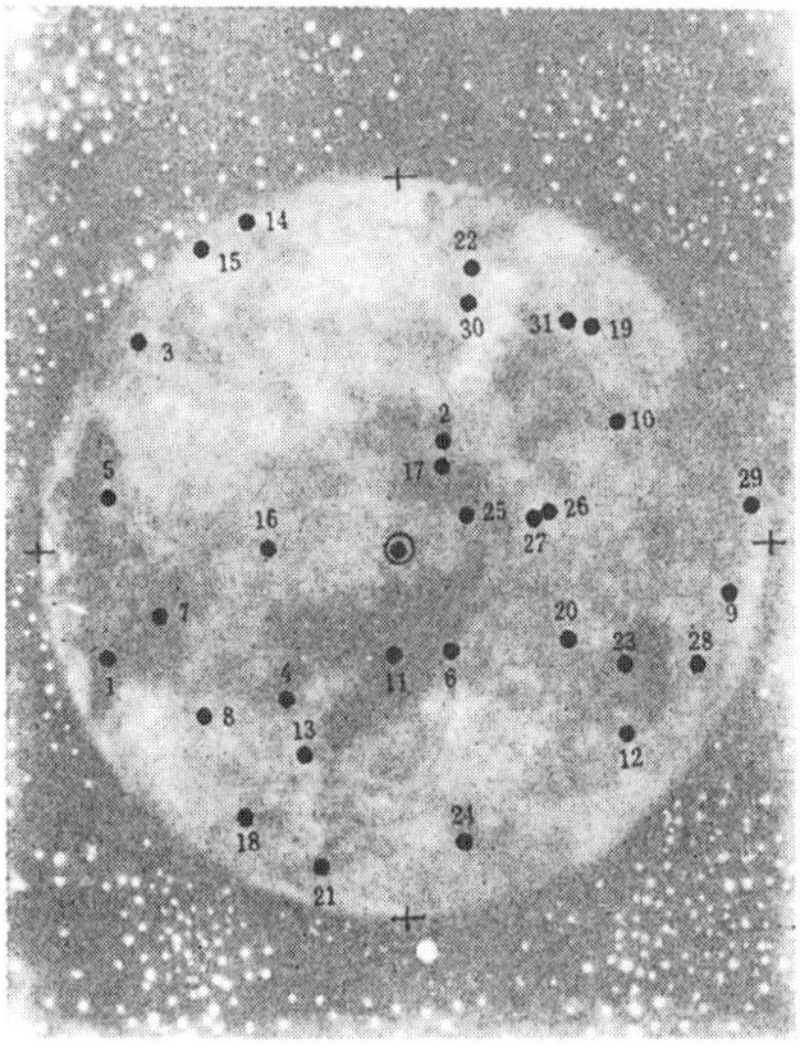

Fig. N. 2

月の裏面を念写した写真（福来心理学研究所所蔵）

「となりますと、先ず何からとりかかるべきでしょうか」
「三田の超能力実験は一九三一年ですが、一九六九年から、アメリカのアポロ十一号をはじめ、月の裏面像を撮影しはじめます」
「現代科学の成果で、三田の実験より三十八年後ということになりますが――二種の写真があるなら、念写と科学の対決がやれるわけですね」
「実は後藤以紀工学博士が両方の写真をつき合わせ、綿密な比較をなさっています――題して〃月の裏側の念写の数理的検討〃とされ、一九八六年に〃日本心霊科学協会〃から出版されました」
「学者としての責任と、名誉をかけてなさったわけなので、両方の写真は重なる、ということでしょうね」
「福来心理学研究所でも、研究所報告第五巻で佐々木康二氏がやはり綿密な検討結果を出していらっしゃる――従って三田の透視、念写は正当で、ただ方法の違い、と判定していいでしょう」
「でしたら超能力を近代思考、科学とつき合わせて、どう位置づけるべきか、ということじゃないですか」

「まさにそのとおりで、近代性からの転換、脱皮こそ、二十一世紀の人類が問われているということでしょう。踏み込んで言えば、超能力と中世の神秘、超自然とを混同させてはならないということです」

「現象面からみますと、紛らわしいというより、区別のきめ手を欠くように映ります」

「科学が万人共有、常に一定の成果というところから、客観性と映るだけで……そこで逆にある限界に突き当たります。……いや、先端の量子力学になれば、客観的普遍性は成り立たないらしい――二十一世紀のレベル・アップにとって、両面性への対応を迫られているのでしょう」

「一元論から複眼への転換ですか。……文明の混線がおこりそうで……？」

「現実におこっているわけで……どう包み、乗り越えてゆくかこそ、人類に問われているらしい」

「混線状況を、ユニークに包み、乗り越えてゆくことですか？」

「おそらく生と死こそ、混線の最大テーマかもしれません」

人間霊の復活現象——心霊世界と自然界とをつなぐ

自然科学の合理性こそ、近代の叡知で、これに反すれば、妄想、時代おくれ、と拒絶されましょう。人間は死ねば骨や灰だけと化し、決して人格として現れることはないとされています。

ところが自然界の一般性を破り、少数の事例とはいえ、奇怪な現象に立ち合っています。死者が霊として、自然界に姿をあらわす場合です。二種のケースがあって、「幽霊」、つまり幽界の心霊と呼ばれるものと、「物質化霊」と名付けられるものに分かれます。

前者は自然発生し、煙のように実体はないので、人々をたじろがせましょう。

ところが物質化霊は「霊媒」を介して出現し、霊が物質化していますので、肉体を備えているのです。それどころか人間と同様に話し、行動までします。現象だけ見て、事情を知らなかったら、ナマ身の人と錯覚しかねません。

多くの具体例があり、なかでも「ケーティ・キング霊」が広く知られています。高名の科学者が実験して、みごとな記録を残し、その写真さえ見られるからです。

時　十九世紀後半（一八七二～七四年）
　　日没から深夜にかけて

所　英国のラクスモーア宅

広い応接間、その一隅にキャビネットが置かれてある。中にベッドを据え、十五歳の霊媒フローレンス嬢が横たわっている。黒いビロードの服を身につけ、失神状態である。……キャビネットの周りには、厚い幕を垂らし、外部と遮断されている。

また、霊の出現に光度の制約があるため、応接間にはガス燈ひとつで、仄暗い状態である。

登場者　ケーティ・キング霊（女性）

霊媒フローレンス嬢（女性）
クルックス博士
ガーリ博士
マーリヤット（女性）
ヘンリー・ダンフィ
ヴォルマリン
カメラマン　三人
参加者　十人ほど

ケーティ霊の出現

クルックス　（半ばモノローグ）はたして……どうだろうか？　試されることに気付いて、人々の集まった場など、霊なら避けようとするのであるまいか……。

（オゾンのような臭いが漂いだす）

ガーリ　とうに博士はごぞんじでしょうが、チェコのモラヴィアで、一八六〇年ごろでしたか……物質化霊の実験を、アンドルース夫人がおやりになっています。ただし、どんな状況なのか、詳しくは残っていないようですが……。

クルックス 記録でそれを知ったさい、前例があるなら、と、心強く思えました。ケーティ霊は霊媒フローレンス宅なら、気軽に姿を見せていますからね。

（このときキャビネットの幕の間から、人らしい姿が動き、広間のほうに出てきた。ガス燈一つだけで、ほの暗いため、人々はまだそれに気付かない――頭から白い衣服を着け、若い娘のようである）

ガーリ おおお……（絶句）。

クルックス （同感のうなずき。出現者を仰ぐようにみつめ、でも沈黙のまま――娘はカーテンから五フィートほどの位置におり、ゆっくりと二人の博士に向かって進み……逆にクルックスは彫像のように硬化した）

ケーティ霊 皆さま、こんばんわ！ （ごくふつうの娘の声で、気取りめいたところなど感じられない。白いガウンめいたものをまとい、霊媒フローレンスと似ている――両博士とも、驚きで声を出せない）

ケーティ霊　ケーティ・キングと言いますけど、皆さまのお仲間に入れてくださらない？
マーリヤットほか　（感動の独白）現われてくれたわね……。
ヘンリー　ケーティ嬢、こんばんわ。
ケーティ霊　歓迎してくださって、感激していますのよ。……それより霊媒フローレンスに、感謝したいわ。
参加者Ａ　でも、この娘さん……ほんとうに霊なのだろうか？
（みな静かにしているだけに、その言葉はケーティ霊にキャッチされ、彼女は黙ったまま、そちらへ微笑してみせた）
参加者Ｂ　だって……霊媒フローレンスと、姿や年齢など、似ているようで……。
参加者Ｃ　ガス燈が一つだけで、よく見えないから、区別しにくいよ。
マーリヤット　（クルックスに）フローレンスでない証明に、キャビネットをのぞいていいでしょうかしら？
クルックス　お待ちいただいて、少し様子を見ましょう。初めから疑うようで、ケーティ霊を失望させるかもしれませんから。

マーリヤット　申しわけありません、軽はずみでしたわ。
クルックス　実験会が進んでゆけば、やがてそういう機会がやってきましょうね。
（ガス燈一つで、ほの暗い室内を……ケーティ霊が人々のほうへ進む。参加者たちは声もなく、その動きに釘づけとなる）
参加者A　どう見ても、一人の娘さんで……霊界からなんて思えない。
参加者D　だからクルックス博士が実験なさるのでね……これだけの眼を、欺けるわけないでしょう。
参加者E　でも、マジシャンや催眠術師なら、白昼だって人々を操れるらしい。
（ケーティ霊はそれらの反応に、気付いていないふうで、人々と少し距離を置いて、広間をひとまわりし始めた）

乱入者騒ぎ

実験場の入口で、言い争う声がおこり、参加者たちをふり向かせる——三人の記者たちが乱入しようとし、入口の臨席者は阻止しようとして、騒ぎになった。

記者Ⅰ　民衆の知る権利を我らは代行しているのだ。じゃまだてすると、秘密主義を社会正義に訴えるぞ！

参加者F　勝手な言い分で、重大な実験を破壊するものだ！　許可なしに侵入し、何が権利だ。とっとと出て行け！

記者Ⅱ　クルックス博士はどこだ？　お前らなんぞと、口をきいている暇はない！

クルックス　（状況に気付き、入口のほうに出てゆく）実験はこれからで、結果が出ればご報告しますので、記事にしていただきましょう。せっかくだが、ただいまのところはお引きとり願いたい。

記者Ⅰ　博士がそう約束するなら、ま、やむをえないか。また、出直してくるよ。

（この騒ぎで、実験はメチャメチャとなり……ケーティ霊の姿さえ見当たらなくなる）

状況問答

「ケーティ霊のドラマだけ再現して見せられても、大空の虹か、海辺の蜃気楼のようです。自然界、または科学とのつながりに入ってみなければ、ついてゆき難いじゃないですか？」

「幽霊も物質化霊も、共にこの世の存在でなく、霊が人間の姿をとるにすぎないようです。ただし幽霊なら非物質、異次元の存在だけに、ドアーだって、すいと通りぬけます」

「ケーティ霊はそれと違い、事情を知らないと、ナマの人間と区別できないでしょう」

「そのとおりで、物質化霊の前提として、二つのことにふれなければなりません——エクトプラズムと呼ぶものと、霊媒になります」

「エクトプラズムですか……初めて聞きますが、どういうものでしょうか?」

「超能力者の中に、体の軟らかな部分、脇の下や鼻などから、粘液めいた半透明のものを出す人々があります。エクトプラズムの写真はたくさんありますが、どうやらふつうの自然現象とは異質のようです」

「…………」

「エクトプラズムはするすると伸びてゆき、さまざまな活動を始めます——なんとペンを握り、文字を書いたり、それどころか超能力者の上衣をぬがせてみたり、さらに机さえ空中に持ち上げるなど……。その状況を、撮影されたものもあります」

「まるで生きものじゃないですか、いったいどういうものでしょう?」

「ノーベル生理学賞のリシエーナ博士が名付け、語源はギリシャ語のエクトプラズマによっています――エクトプラズマとは、〝形のないものに形を与える〟という意味です」

「おどろきました！　物質化霊なんて、反科学的と映るのに、ノーベル賞の科学者が命名までしたのですか……」

「初め白い衣のように見え、やがて人間の姿に変わってゆく――この世にない霊、死者たちですから、〝形のないものに形を与える〟ということでしょう」

「それならエクトプラズムに関して、物質的内容もわかるのでしょうか？」

「ドイツの医師ノッチングが解剖しまして――唾液の成分と似て、たくさんの白血球、また上皮細胞を含んでいたと言います。焼いてみたら、爪を焼いた時に似て、いやな臭いがしたらしい。灰を調べると、塩化リチウムや燐酸カルシウムなどを含んでいたようです」

「ケーティ霊の基盤らしいけど、……霊媒フローレンスとの関連はどうなっているのでしょうか」

「先にふれたとおり、物質化霊となれば、亡霊が幻みたいにふっと消えるのとは大いに違うわけです。事情を知らなければ、ナマ身の人間と区別できないでしょう」

「でも、霊媒のフローレンスを必要として、そうでなければ、人間のように現れることはできないわけですか」

「霊媒は異次元と自然界とを、つなぐ役割になるのですが……その際、一時的に物質化霊に質量を貸すことになります――霊媒はたいていキャビネットに入り、ベッドに横たわって、失神状態となります」

「霊界と自然界との間に道が開けて、交流可能となるわけでしょうか?」

「そうね……でも、フローレンスは初め、失神状態にならないでケーティ霊が姿を見せていたらしい。クルックス博士が研究するようになると、一時的ながら意識が消え、また霊化の程度も進んだようです」

「実験場はガス燈一つだけで、仄暗いとありますが、それも出現の条件でしょうか?」

「強い光線に、物質化霊は弱いようです。だから太陽光線の下で、活動するわけにいかないのでしょう」

「薄明の中で活動し……だから存在を疑われるのか……」

霊の肉身を抱く

同年同月の或る夜
ラクスモアー宅の応接間
登場者　前回同様で、多少の出入り
撮影担当　三人

第一景

マーリヤット　（独白）フローレンスもケーティも、あたしと同じ女性なんだもの。クルックス博士や研究者たちは男性なんだから、あたしは特別参加者として責任が大きいわ……。

ケーティ霊　（立会人のなかに入ってきて、マーリヤットを同性と知り）ねえ、あなたの膝に腰かけていいかしら？

マーリヤット　えっ？……あたしの膝に!?　……どうぞ、どうぞ……。

ケーティ霊　（微笑して）だって、男の方たちなら恥ずかしいし……肌のふれ合いで、親しみが増すといわれるものね。

（そう言いながら、マーリヤットの膝に、お友達のように体を託す）

マーリヤット　（独白の叫び）あら？　……汗よ、汗じゃないの！　ケーティさんの膝から、汗が出ているわ……。

ケーティ霊　（それを聞きながら、黙ったまま微笑する）

マーリヤット　ねえ……お聞きしたいのだけど、あなたはしばらくの間でも、人の血管、分泌などを、お持ちになのかしら？　血液が体の内を流れ、心臓や肺なんかも……？

ケーティ霊　フローレンスの持っているものなら、あたしはみんな持っていますわ。

マーリヤット　そうお……ほんとうに？

ケーティ霊　（いたずらぽく微笑して）ちょっとあちらの部屋まで……一緒に来てくださらない？

ケーティ霊が先に立って、後ろの小部屋へと誘う。マーリヤットはうなずいて、黙ってついてゆくと……ケーティ霊は部屋に入って、ドアーを閉めてから……着ている白い衣をさらりとぬいだ。

マーリヤット （圧倒され無言のまま）

ケーティ霊 あなたはいま、あたしが女であるのを、ご覧になるでしょう。

マーリヤット ケーティ霊の言うとおり……ほんとうにすばらしい女性でいらっしゃるわ。

ケーティ霊 （微笑してうなずく）

第二景

実験が回数を重ねるにつれ、参加者たちから、驚きが知友に伝わりました。記者や外部カメラマンにも広がり、もはや取材を拒めなくなります。

その結果、クルックス博士たちの記録と共に、第三者の表現として、貴重な記録を残すことになります。

それらを資料として、近年に及び、出版もなされました――『万国心霊古写真集』により、どなたにも奇怪で仰天の状況をごらんになれましょう。
記者Ⅰ　実験会の物質化霊ね、どうやら本物らしい。霊媒の変装じゃないのか、と思えたんだが……参加者の間を、自然に歩き回っている。霊媒ならバレてしまうし、そんな危険なこと、やらんだろう。
記者Ⅱ　ただ、心霊現象は煙のようで、物質化霊と言うなら、実体があるのかどうか。
記者Ⅲ　立会人のなかに女性がいて、ケーティ霊はガウンをぬいで、全裸の姿を見せたらしい。
記者Ⅰ　ふうん、全裸になって、ね。……ただし、いかに実験会とはいえ、我々がそれを要求することはできないからね。
記者Ⅱ　それならガーリ博士にお願いして、ケーティの体に、心臓の鼓動があるかどうか、検査するぐらいなら、問題あるまい。
カメラマンＡ　なるほど、グッド・アイデア、そこをキャッチすればいいね。
カメラマンＢ　僕らの頼みなど、博士は受け入れて下さるかどうか。

記者I　チャレンジでしょう、お願いしてみなけりゃ。
カメラマンA　お願いすれば、博士にしても、ケーティ嬢に言い出しやすくなるだろうね。〝チャレンジ〟と言う以上、君が「橋渡し役」をやってほしいよ。
記者I　まかせていただけるなら、皆さんの総意として申し上げてみよう。皆さん方、よろしいでしょうか。
（周りの記者、カメラマンたち、低い声で「よろしく……」と支持を表明する。記者Iはガーリ博士に近寄り、「失礼ですが……」と前置きして、ささやき声で言う）
ガーリ　おお、それは確認の実験として、すばらしいアイデアに違いない。ただし、はたして受け入れていただけるかどうか……お願いしてみよう！
（ガーリ博士はケーティ霊のほうに進み、笑顔で頭をさげる）
ガーリ　たいへん失礼ですが、カメラマン方の要望で、お許しいただけましょうか？
ケーティ霊　フ、フ、フ……聞こえていたわ。
ガーリ　でも、でも……あなたの体内に、いま血液が流れ……それを脈として計らせていただけましょうか？

ケーティ霊　お調べくださるなら、どうぞ脈をとってほしいわ。ね、カメラマンの方たち、それを証拠として、みなさまに知らせていただきたい。

（そう言うや、彼女はガーリ博士のほうに進む。博士は計測するため、近くの空椅子をひいて掛け、懐中時計をとり出した。カメラマンたちがそれを囲み、レンズを向ける）

ガーリ　それじゃ皆さま、許していただけたので、計測しますから……カメラマンの方たち、よろしいでしょうか。

第三景

クルックス　（ガーリ博士に）すばらしい実験で、ケーティ霊の脈をとられ、深く敬意を表したい。

ガーリ　ハ、ハ、ハ……カメラマンらの突き上げがなかったら、考えもしなかったろう。

クルックス　先を越されましたが、実験者として、単に受け売りでは、実証性に欠けることです。

ガーリ　でも、同じことなら、頼めぬでしょうし……マーリヤットさんと違い、異性ともなれば、ガウンを脱いでもらうことだってね。

クルックス　（半ば独白で）ケーティ霊のボディに、女性としての手応えまで……ほんとうにあるものかどうか。男性の実験者として、確かめられないものか。

ケーティ霊　（立会人の間を歩き、おしゃべりし、それからキャビネットの中に入った。と思うと、カーテンの近くに来て、クルックスを呼ぶ）ね、ドクター・クルックス！　こちらに来て、あたしの霊媒の頭をあげてくださらない？　ソファからすべり落ちていますから……。

クルックス　そりゃ……じゃ、いますぐに……。

（博士はキャビネットに入ろうとし、出てくる彼女を通すため、傍に身をさけた――ケーティ霊はいつもの白衣に、頭にはターバン風のものを着けている）

キャビネットに入ると、霊媒フローレンスはソファから少しすべり落ち、頭が横に垂れていた。クルックスはフローレンスを、ソファの上に載せなおす。キャビネット内は仄暗かったが、霊媒の様子は十分にわかった――彼女はケーティと違い、いつもの黒いビロードの服を着ていた。日常は天真爛漫の性格で、とはいえ今は深い失神状態にある。

クルックス　(ケーティ霊に唐突に) たいへん失礼だけれど……わたしの腕に、あなたを抱かせていただけないだろうか?

ケーティ霊　ええ……どうぞ!

クルックス　(紳士のエチケットを忘れずに、ケーティ嬢を両腕で抱いた。独白で) ずしっとふくよかな手応え……まさしく生きた女性の肉身そのものだ!

ケーティ霊　(微笑して) フローレンスと変わりないこと、これでおわかりになったでしょう。

ケーティ霊の歴史背景

ケーティはこの時点から、ほぼ三百年前に、イギリスに実在しておりました――生存中の名を、「アンニー・オウエン・モルガン」と言います。

父はもと海賊の首領で、チャールズ二世から、後にジャマイカ総督に任命されました。ジャマイカはもと英領で、その転身ぶりからも、並々の人物でないようです。娘のアンニーも父の気性に似て、激しかったため、或る犯罪に走ってしまいます――父が海賊から総督に転身したのと通じ……過去の犯罪の償いとして、霊界と自然界との橋渡しにこの世へ派遣されたというのです。

両界をつなぐ伝承は多く、歴史上に溢れていましょう。ただし共通の運命らしく、自然界には三年間しかおれない、と定められています。三年すぎたら、再び異次元界に戻らねばならない。

ケーティ霊はどうか、ドラマの展開に注目しましょう。

物質化霊の消滅

第一景　一八七三年十二月九日の実験会

参加者たちは実験経過を、見たり聞いたりしていました。お互いの連帯感が深まり、手と手を握り合い、着席していました。……そこにケーティ霊がキャビネットから出てきて、参加者たちから最も離れた位置のほうへ進み出しました。参加者のなかに、怪しい気配があるのを、直覚的にキャッチしたようです。先に進みかね……でも、どうしょうか迷うらしく、またゆっくり近寄ります。
ヴォルマリン　（つぶやく）どうも怪しい……いや、これはインチキだよ！　小娘フローレンスの変装に、みんな担がれているのだ。……よし、その化けの皮を、はぎとってやるぞ！
ケーティ霊　（不安を感じ、ヴォルマリンに）そんなに離れていらっしゃらないで、皆さんのところにいらっしゃったらいいわ。
ヴォルマリン　（急に立ち上がり、ケーティ霊にとびかかってその腰を抱く）こいつは霊媒で……お芝居だよ！

参加者たちがその暴挙に気付き、二、三の紳士が駆けつけ、ヴォルマリンと格闘した。ケーティ霊はアザラシのような動きで、ヴォルマリンの手から、逃れようともがいた――と、みるみる目を疑う現象が突発し……なんとケーティ霊の姿が消えだしたではないか⁉
初めに上半身が消失し……ついで脛《すね》や足まで……。ヴォルマリンは握ったものを、しっかり放すまいと頑張っている。……しかしナマの人間と見えたのに、一瞬のうちに、体どころか、着ていた衣装まで、何ひとつ残っていない!!

参加者全員、いやクルックス博士、ガーリ博士まで、茫然として……悪夢というか、この世ならぬ光景に、声ひとつなく立ち尽くす。

第二景　或る晩の実験会

参加者A　前から気になっているのだけど、もっと明るいところに出られないのかな?

参加者B　そう、そんな暗いところに、どうしていつもいるの?

参加者A　ガス燈一つだけで、実験会はいつもほの暗く、よく見えないのでね。

ケーティ霊　そうねえ、あたしにもよくわからないけど、明るいところへは出られないみたいよ。

参加者たち　いやあ、残念だねえ。

ケーティ霊　でも……出られるかも知れないから、今晩どうかしら、試してみてくださらない?

参加者　（顔が活気づき）お、お！　試そうじゃないか。
参加者Ａ　クルックス博士、どうですか、いいでしょう！
クルックス　（黙ったまま軽くうなずく）
　参加者たちがそれを見て、ガス燈を三つ、一度にパッとつけた――会場が急にまばゆくなり、ケーティ霊のほうを注視する。
　まばゆい光の中で、ケーティ霊の表情が急に悲しげになる。……予想しない状況で、実験会全員が硬直する――ケーティ霊はまるで十字架のキリストに似て、壁を背にして、両腕を広げた。と共に悩ましげな目をみせ……なんとその姿がぼやけ始めた。
　悪夢のような光景に、実験会全員が茫然として、声もなく変容を見守る。
マーリヤット　（うわごとのように）どうしたのよ……ケーティはあたしの膝に腰かけたり……それに、それに、ガウンまでぬいで裸身を見せてくれたわ！　すてきなボディなのに……まるでロウで作った人形と同じ……熱でとけてゆくみたいじゃないのよ！
参加者Ａ　目鼻だちがぼんやりし……ああ、もうケーティとは言えないね。

参加者B　そう、目は眼窩に沈んで……鼻まで消えたよ！
参加者C　おお、前頭骨までつぶれて、いっしょに足がくずれてゆく。
参加者A　まるで建物の崩壊で、ケーティの全身まで……敷物の上に、ゆっくり沈んでゆくではないか！
マーリヤット　これをこの世の光景とは……どうして思えましょう！
ついに全身が消え……ケーティ霊の頭蓋骨だけ、フロアの上に見えたが……それさえ消えてしまう。最後に白いベールを残し……それまであたかも手で引っ張られたみたいに、すっと消えてしまった。

第三景

強いライトで消滅したとて、一時の現象にすぎません。次の実験会に、ケーティ霊はまた姿を現しました。幽霊、即ち霊界心霊は夕闇以後で、日光の下なら現れないわけです。エクトプラズムの性質で、そこで彼らに対し、うす闇の錯覚だろう、と疑われやすいようです。

さて、ケーティ霊の予告――三年だけこの世に、という状況があります。歳月の流れは速く、「永遠の別れ」が迫ります。クルックス博士はケーティ霊を、毎晩のように撮影しました。

一八七四年五月二十一日、ついにその日が巡ってきました。ケーティ霊は親しい人々だけを選び、「お別れの会」を設けました。クルックス博士に花束を準備してもらい、一同に彼女を囲んで着座してもらいます。

ケーティ霊　（花束を自分で、出席の人数に分け、リボンを結びつけ……涙声で渡しながら）ご親切にしていただいて……これをわたしの記念にね。

クルックス　フローレンスは入神状態だから、お仲間に入れないで残念だけど……。

ケーティ霊　そうね。それじゃフローレンスに、感謝の手紙を書きますわ。

（クルックス博士が便箋とペンとを用意して、ケーティ霊に手渡す。……彼女は簡明に

二、三行で、フローレンスの尽くしてくれたことに感激し、お別れの到来を告げる）

クルックス　それじゃ皆さん、ケーティ嬢にお別れのご挨拶をしましょう！

（ケーティ霊の手をとり、室内を巡り歩く。ケーティ霊は旧知と次々に握手を交わし、彼らの目に涙が光る）

ケーティ霊　（マーリヤット嬢に）あなたにはずっとお世話になり……。（別の参加者に向かって）あなたはずっと来てくださったの、わかっていますのよ。……（また他の方に向かって）こちらさんは面白い方で、時おり皆さんを笑わせたのね。

参加者A　ああ、驚くべき現象を、私たちに見せてくださり……なんとお礼を言ったらいいか！

ケーティ霊　（うなずいて微笑し……と思うと、クルックス博士を振り返り、疲れた様子で）ねえ、博士……御親切にしていただいたけど……もう、あたしの力……消えようとしています。

クルックス　（黙ったまま、うなずいてみせる）

ケーティ霊　（視線をフローレンスのいるほうに転じ……キャビネットまで行き、カーテンを落とすと）ねえ、目をさましてちょうだい。お世話になったけど……あたしはいま、あなたにお別れしなけりゃならないのよ。
フローレンス　（目をさまして）――でも、でも、ちょっとだけ、日をのばして！
ケーティ霊　だめよ、だめなのよ！　あたしの役目は終わり、あなたは神さまから祝福されますわ！
フローレンス　（嗚咽しながら、ベッドの上に倒れ伏す）
ケーティ霊　（クルックス博士に）ドクターに、たくさんご厄介になって……霊界でお待ちします。……フローレンスを、ベッドから助けおこしていただけないかしら？
クルックス　（フローレンスをベッドから助けおこそうと、一歩、二歩、そちらへ歩みよる）
……視線をケーティ霊に転じると……その姿はこの世から消えており……参加者たち全員、茫然と虚空をみつめ続ける。

霊媒フローレンスを（少女）を通し、
エクトプラズム（背後の白布状のもの）が出現
（『万国心霊古写真集』南方堂より）

物質化霊のケーティ・キング嬢
(『万国心霊古写真集』南方堂より)

ケーティ・キング嬢の脈をとるガリー博士
(『万国心霊古写真集』南方堂より)

「死」からよみがえる

「超能力の実験例でさえ、日常生活はもとより、近代科学から否定されます。ましてや霊が肉体化して、人々と交流したなど、メルヘンならともかく、というところでしょう」

「人間も自然界の一員でしょうから、基本的にそのルールに支配されるらしい。でも、人類が生きるうえで、抜群の優位に立てている現状を、どう受けとめるべきでしょうか？」

「だからますます奢って、自然を破壊したり、ほんらい連鎖しているのに、戦争で仲間まで抹殺しようとするのです」

「ここから脱皮するには、既存の宗教では、現代人を心底から動かせないじゃないですか……。近年、超能力とか、心霊テーマの浮上など、いかさまも多いけど、人類叡知のよみがえりに違いありません」

「ただし他方で、日常性に反しており、また科学とも対決していないので、社会の公認を得ないわけです」

「では、どうすれば二十一世紀の文化レベルとして、社会に受け入れられるようになりましょうか」

「先ず希有の例でも、実証できる状況を、きちんと提供することからでしょう」

「三田光一の実験データを、公式の機関で、再検討すべきだと思うのです。併せてケーティ霊の実験まで、視野を拡大できたらすばらしいけど」

「一般には、既成の権威か、通俗の名声に操られ、関心さえ持とうとしないんじゃないでしょうか」

「でも、現代の混迷に対して、人類は潜在能力として、余力を残しているでしょう。二十世紀文明を、質的に転換させるしかありません！」

「…………」

「近代科学は半虚構で……それを実証するため、超能力の実証、物質化霊の実験を具体的に追ったわけです」

「近代科学は半虚構か……しかし、抽象観念でなく、実証で回転させねばなりません」

「超能力と物質化霊の紹介だけなら、なお空中楼閣のように映りましょう。一般人がそこに近付けるようにするため、いろんな角度から具体例を追ってみましょう」

「いろんな角度から、と言いますと？」

「三種の状況で……先ず現実世界と異次元界とを、実体験でつなぐものです。ケーティ霊はこの世の存在でありませんから、私たちとは異質で、近寄れない領域でしょう」

「具体的に言えば、どういうことでしょうか」

「しばしば見られる例で……当人は死んだと感じ、死後の世界をさ迷いながら、のちに蘇生したというものです」


アメリカの霊媒に、アーサー・フォードという人がありまして、『サイキック（超能力者）』という著書を出しています。その中の一章に、「現実と超現実との間をさまよう」という小テーマで、自分自身の体験を語っているのです。和訳された原文を、再録すべきでしょうが、あまりに量が多すぎます。核心の部分だけ、要約しながらご紹介しましょう。

……アーサー・フォードはアル中で、心身とも危険な状態になり、医者から一晩ともたないだろう、と宣告されます。――医者から看護婦に、「患者に注射してやりなさい。たぶん楽になるだろう」と言っている言葉を、夢うつつに聞きながら、彼は（これが死というやつだな。死ぬにはどれぐらいの時間がかかるだろう……）と考えます。とは言え、深刻な感情でなく、ぼんやり奇異の念に浸っているにすぎません。

フォードはここで、現実の次元から、転換するのです。

――私の感覚はその時……体が寝台の上の中空あたりにふんわりと浮いている、というふうになった。半面、自分の手足はベッドの上にあり、私はその手足をじろじろと見回した。

フォードだけでなく、臨死体験者に共通の状況、感情のようです。死の実際状況と死に対しての観念に、質の違いがあるらしいとわかります。大自然の摂理によって、生への執着で生き……生をおえる段階で、感覚感情の質転換がおこるようです。

フォードは安楽な気分そのもので……時間という感覚はなく、しかし一定の時間の経過のあと……体の感覚は全くないのに、空間の中を浮遊します。しかも彼の証言によると、感覚はないのに、〝自我〟は確かに存在したのです——夢の中の存在と類似しており、どうやら人間はそのとき、意識だけの存在に変貌するようです。

彼はいつの間にか、緑の谷間におり、そこは四方を山でかこまれています。美しい五彩の光、と言えば、虹と同様ですが、その光が谷間にみなぎっています。これまでに彼はこんなすばらしい光景を、見たことがありません。

と思うや、フォードに向かって、たくさんの人影が近付いてきました。友人や知己たちで……とはいえ、すでに死者となった者たちです——このことは彼が自然界から転じ、次元の違う世界に入ったことを思わせます。

フォードは彼らと再会して、

（こんな世界で、彼らは生きていたのか）

と思うのです。でも、誰かを判別したといっても、顔形からではありません。人格の特徴からです。彼らは老年で死にながらも、ここでは若々しい青年の姿をしていました。また、従弟《いとこ》などは子供のころに死んだのに、すっかり成長していたのです。

さまざまな経緯の後、フォードはまばゆく光る白い建物の前に立ちます。これまで見たことがなく、誰からも説明されないのに、なぜかそれが「最後の審判」のための法廷だとわかるのです。

……広い控室で待っていると、声がひびいてきました。広い扉が開き、その向こうに二つの長いテーブルが据えられています。たくさんの人影が席についており、彼らはフォードのことを話題にしていました。自然界における彼の生き方について——どうやら審判のようです。

フォードは控室で待ちながら、自分の人生を反省しはじめます。生前、彼は霊媒だったのに、アル中におちいったのですから、自分の人生は幸福ではなかった、と思わずにおれません。だけどそれは彼自身で、招いたのです。彼は洗礼派の教会に属しており、教会はアルコール中毒を罪とします。

審判の人影はまた、彼の人生に対し、証拠調べをしています。とはいえ判断の尺度に、教会とは大きな違いがあるようです。審判者たちは「我執」「愚鈍」という言葉をくり返し、時に「放恣《ほうし》」ということを口にしました。

中の一人がフォードを指さし、「仕遂げる業務のあることを自覚していながら」その行動を完遂しなかったことを語ります。また、「レコード」という言葉も、しばしば聞こえてきました——霊界では、生涯の言行すべてについて、テープ・レコーダーのように記録されているようです。

（ここで冒頭のゴーギャンの言葉——我々はどこから来たのか、我々は何者か、そして我々はどこへ行くのか、を思い起こしていただければと思うのです）

彼はここで、〝蘇生〟します。審判の場で、

「彼の天職を完成させるため、地上に送り返してやろう」

と相談されたのです。

フォードはそれに気付いて、ゾッとします——注目すべき重大状況で、生への執着や死

への反発など、しょせん自然界にいる間だけ、とわかりましょう。情念に決して絶対性などなく、総合宇宙のルールに左右され、対称性に変貌してゆくようです。単にフォードの例だけでなく、臨死体験者に共通しているからです。

「ボロボロの肉体を、病院に捨ててきたのに、そこへ戻るなんて、まっぴら！」

しかしそんな願いなど、審判者らは聞き入れようとしません。

……すると眼の先に、一つの扉がありました。

(扉を潜りぬけたら、病院のベッドにまた戻ることになるだろう……)

なんとなくそう思え、ところが……彼の魂とはべつに、肉体のほうの意志なのか、自己主張しはじめたのです——まるで子供が叱られた時、むかっ腹を立てるみたいに、扉を足でけとばして、それを開けようとします。フォードも、罵る時の言葉を思い出し、思いきりどなってやります！

……と、空間の中に、彼の体が放り出される感覚を感じ——目をあけると、看護婦の顔が眼前にありました。

この著書『サイキック』に対して、専門家の驚嘆や高級誌の支持が集まり――心理学者、宮城音弥氏をはじめ、『サタデー・レビュー』誌、またアプトン・シンクレアその他で、最高級の賛辞を表明しています。

生まれ変わって

「時間と空間をぬけて、本のページを逆にめくるように、逆もどりしてゆくのですよ。私がこんどあなたに話しかけたら……あなたは七歳なのですよ。そしてあなたは私の質問に、答えることができるのですよ」

催眠中のシモンズ夫人に、施術者バーンスティンは暗示を続けます。

「さあ、いいですか、あなたは七歳ですよ。あなたは学校に行っていますか？」

――はい。

「どちらの学校へ行っていますか？」

――アデルファァイ学院。

「あなたのまえには、だれが坐っていますか」

――えーと……ジャクリーヌ。

「あなたのうしろには？」

――バーナ・メイ。

「バーナ・メイ・なに？」

――ブース。


施術者をモーレ・バーンスティンと言い、彼は催眠術をルース・シモンズ夫人にかけています。

バーンスティンはアメリカのコロラド州・プエブロに住み、家は鉄工機具など売る大会社です。彼はペンシルバニアの大学を出て、家業を継いで社長になります。

ところが一九五二年に、未知の青年と会い、その催眠術実験に驚嘆してしまいます。生来の探究心から、彼自身が催眠術をマスターします。催眠術は現在なお、謎にみち、基本は〝暗示〟とされます。暗示誘導の一つに、年齢を若返らせる、という方法があって、これは前記のとおりです。

ところが単に若返らせる、という段階にとどまらないで、バーンスティンは前人未踏の挑戦をします――人間がこの世に生まれる前の生活！

以前から、問題になっていながら、誰も試みた者はなかったのです。催眠暗示で、次々と若返らせ……やがて一歳をさかのぼり、出生以前の世界にまで誘導します。

彼は実験者の暗示と、被術者の回答とを、すべて録音テープに記録しました。それを活字化し、『第二の記憶』として出版しています。サブ・タイトルに「前世を語る女」となり、空前のベスト・セラーとなり、日本語にも訳されています。


被験者をルース・シモンズ夫人と言い、同じ市に住んでいました。小柄なほうですが、魅力的なグラマーで、明朗な性格です。また、催眠術の被験者に、深くかかる人と、受けつけない人とあって、シモンズ夫人は前者でした。

冒頭の実験を〝年齢溯行〟と呼び、被験者を暗示で若返らせてゆきます。ごらんのとおり、過去の時点に戻って、当時を再現することになります。驚くべき暗示の力で、人間意識の多重性、奇怪さを思わせます。

ところで従来のやり方なら、当然とはいえ、一歳で逆もどりをやめてしまいます。でも、バーンスティンは通念を破り、零歳をさかのぼって、さらにもどらせたらどうなるか、とチャレンジしてみます。

五歳から三歳、それから一歳へと、時間の逆もどりが進められました。それぞれの年齢に、いくつかの質疑応答があり、最終を拾います。

「水が飲みたくなったら、なんと言いますか」

——ワ……ワ（Water の片言）。

「ミルクが飲みたくなったら、なんて言うの？」

——えーと……言えません。

被験者は二十九歳で、このふしぎな落差に、意識の多層構造を思わされましょう。

「休んで、らくにしてください。しばらくのあいだ、質問をしませんから。でも、私がこれから言うことを、考えてほしいのです。あなたは逆もどりしています。……ずうっと

……ずうっと……時間と空間のなかへ、逆もどりしています」

　逆もどりの誘導をくりかえして

「さあ、いいですね。私に話すのですよ。あなたの心のなかに、どんな情景が浮かんだのか、私に話すのですよ。なにが見えましたか？」

――えーと……ベッドから、みんなペンキを剥ぎとりました。塗りたてのペンキで、きれいでした。金属製のベッドで、それからみんな、ペンキを剥ぎとりました。

「どうして、そんなことをしたのですか」

――わかりません。狂人のようになったのです。とてもおそろしいスパンキング（外国のしつけで、子供のお尻を叩く）を受けたので。

「あなたの名前はなんと言うのです？」

――えーと……ブライディ。

「あなたの名前は……なに？」

――ブライディ。

横たわる女性の名なら、ルース・シモンズで、明らかに違う名です。だから念をいれ、確かめられました。

「さて、あなたはどこに住んでいるのですか？」

——コークに……コーク。

「それがあなたの住んでいる場所ですか？」

——ええ。

「それじゃ、あなたのお母さんの名前は？」

——キャスリーン。

「お父さんの名前は？」

——ダンカン……ダンカン・マーフィ。

「あなたはいくつですか」

——えーと……四……四つ。

シモンズ夫人とは全く別の人らしく、従来の観念、尺度では理解できません。バースティンは丁寧・親切に誘導を続け、次第に驚くべき状況を明らかにしてゆきます。

要約しますと、十九世紀の初めにさかのぼります。アイルランドにブライディ・マーフィという女性が住んでおり、当時の生活を具体的に詳しく語ります。マーフィは百年前に死んで、現代にシモンズとして生まれ変わっています。

父は法廷弁護士のダンカン・マーフィで、母をキャスリーンと言い、一七九八年に生まれました。アイルランドのコーク市に住んでおり、十七歳の時、シーアン・ブライアン・マッカーシーという青年と、知り合って結婚します。二人はベルファスト市へ行き、夫ブライアンはクイーンズ大学の教授になります。でも、一八六四年に、ブライディは六十六歳で死にました。なんと彼女は自分の死や、その葬式の状況まで語るのです。さらに自分の墓石や、死後の暮らしぶりさえ話します。

どういうわけか……一九二三年にとつぜん、アメリカのアイオワに再生したのです。いま横たわって、語っているルース・シモンズです。彼女は旧姓をミルズと言い、結婚してプエブロに住み、三児をもうけています。夫はセールスマンで、彼女は野球をみるのが大好きです。快活でチャーミングな一主婦で、彼女が催眠下で語った内容とは、まるで無縁としか思えません。

アイルランドに行ったことがないし、発音にアイルランドなまりもありません。また、アイルランドのことを、あまり読んだ記憶などないようです。


この録音テープを、本として出版するや、わずか二ヶ月のうちに九版を重ねます。発行部数十七万部を突破し、ノン・フィクションのベスト・セラー第一位にのし上がってしまいます。それだけに「ニューヨーク・タイムズ」「ライフ」「リーダーズ・ダイジェスト」など、一流の新聞社、雑誌社がこの奇怪な状況を、調査し紹介します。


「伝説や童話ならともあれ、考えられない話じゃないですか⁉」

「テープ内容を、アイルランドに行って調査しなければ、となって活動を始めます」

「当然の行動で、結果はどうだったのでしょう?」

「シモンズは単に生涯を、おおまかに語っただけではありません。細かい街路の名や、当時の通貨まで、内容は生活の瑣事にまで及んでいます」

「それだけ具体性があるなら、調査によって裏付けられたら否定し難いでしょう」

「ところが二世紀近く以前のことですから、当時は現代と違い、細部の記録までは残していません。調査は難航し、街路名や通貨など、事実はテープ内容と違うとさえ言われました」

「ブライディの回想は、それじゃ……」

「ところが調査をさらに重ねるにつれ、最初の報告は誤りで、ブライディの言うとおり、とわかってゆくのです！」

「へーえ、じゃ、ブライディとシモンズはやはりつながっている、と考えるべきですか？」

「これまで事実で立証するか、または科学理論によって、と考えてきたわけです。特に科学は絶対視されましたが、二十一世紀の時点に立てば、科学そのものが前の科学を否定するほど変容しだしたようです」

「科学が科学を超えた、ということですね」

「相対性理論をはじめ、量子論などになれば……人間認識力の限界を明白に突きつけられましょう」

「でも、限界を認めるのも、人間自身のわけですから、やはり人間は科学を超える存在じゃないでしょうか」
「そのとおりで、人類は異質の丘に佇んで、近代文明を包まねばならないでしょう」

霊界を旅して

「肉体をこの世に置いたまま、私は霊となって、人間の死後の世界・霊の世界に出入りしてきた」——スウェーデンボルグ

信じ難い言葉と共に、スウェーデンボルグは彼の体験・見聞を、『私は霊界を見てきた』として著述しています。人類最高の奇書と呼べそうで、しかも十余冊に及ぶようです。原著は図書館ではなく、ロンドンの大英博物館に保管されています。

その抄訳に沿って、拙作『ドリームランド』で、異次元の超論理状況を描き出しました——自然界の無常と不条理に、それを超える夢を持てるならと念じます。

「スウェーデンボルグなんて、知らなかったのですが、どういう人物でしょう?」

「スウェーデンのストックホルムに、一六八八年に生まれました。レオナルド・ダ・ビンチに似て、多面性の活躍をしています。初め科学者として研究成果をあげ、ついで政界で活躍します。ところが一転して、霊能者として前人未踏の開拓をして、先の著作を残します」

「中世の神秘主義に対し、近代は合理主義のせいでしょうが……スウェーデンボルグなんて、名さえ知られていないじゃないですか」

「ところが一九一〇年に至り、ロンドン国際スウェーデンボルグ会が開かれました。世界各国から、学者や宗教家が四百人も集まったのです。専門の二十部門に分かれ、二十世紀の学問水準で討議したようです」

「それじゃ核心の霊界記述に、人類知性の代表はどう評価したのでしょう?」

「スウェーデンボルグと同時代に、エマヌエル・カント(一七二四〜一八〇四)がおりまして、『純粋理性批判』『判断力批判』などを著し、〝理性の化身〟と呼ばれます。スウェーデンボルグとは対照的と思えるのに、カントはわざわざ霊界著作の真価を述べているのです」

「理性のカントをつき動かした、となれば、注目すべきで……。それ以外では？」

「大文豪ゲーテの代表作、『ファウスト』の主人公さえ、ファウスト伝説によりながらも、スウェーデンボルグをモデルにした、と言われます」

「時代の流れからみて、先覚者は異端視されやすいでしょうし……。理解されるまで、時間がかかるのでしょうか」

「目撃者がいまして、証言として残っています。——スウェーデンボルグは部屋にとじこもり、むろん食事もしない。死者のように横たわったまま、何日も変化が無かった、と言います」

「どういう状況、とみたらいいのですか？」

「生理的には仮死の状態で、意識だけを遊離させる、という技術らしい。スウェーデンボルグ自身、意識の変化を感じ、それを著作の中で記しています」

「そのスウェーデンボルグにさえ、ほんとうの死は訪れるわけでしょう」

「一七七二年三月二十九日に、彼はこの世を去ります。――ところがその一年前に、知人に予告の手紙を送っており、その月日どおりに他界しています」

スウェーデンボルグを基本にしながらも、霊界探求は進みましたので、もう少し補足すべきでしょう。描写なら臨場感に迫れましょうが、それは先の拙作に譲らせていただき、核心部分だけを拾います。

死を恐れるから、生命は続くわけです。ところが『サイキック』で明らかなとおり、感情は次元の転換と共に、質的に入れ替わるようです。自然界の領域から、回転ドアーをくぐるに似て、異次元に転じるや、心情は逆転する――。

或る転身例によると、頭上からこの世ならぬ優しい光が降りそそぎ、そちらにこそ真の浄福があると思える、と述べています。

それなら自殺奨励と映りそうで、『サイキック』の著者は使命怠慢から、自然界にバックさせられましょう。「この世」と「あの世」が総合してこそ、完成するということで、車の両輪にもひとしいようです。

蘇生者たちに「トンネル」と呼ばれ、転身すると、円筒型の空間を、上方へと引き上げられるらしい。人間誕生の「産道」と共通で、上方から仄かな光が射してくると証言されています。誕生の孤独と似て、トンネル移動もまた単独のようです。

昔から「中陰」と呼び、死後すぐに霊界へ行くわけではないらしい。先のフォードも、先ず盆地めいた所に行き、「精霊界」と呼ばれ、その「精霊界」で霊界への準備をすると述べています。

「スウェーデンボルグの著に、カントの推薦もふくめ、どうしてそれほど注目されるのでしょう?」

「近代の内面砂漠を、根源から回転させ、人類に光と勇気を呼び戻せるからです。バイブルへの懐疑に、代わりうるでしょうし、また、合理主義の空洞を回転させられるものです!」

「具体的に言いますと？」

「近代実証主義から、死を存在の消滅と見なし、内面の虚無感を拭いきれないでしょう。また、心やさしい人ほど、俗物の被害者にされ、法の正義さえ当てにし難いようです。――人間にとって、根源のテーマ、これをみごとに回転させるからです」

「死後に霊界が実在する、ということを指摘されたいのでしょうが、心霊研究の視点だけです。合理性、実証科学の領域から、心霊は認められていないじゃないですか」

「クルックス博士の実証こそそのひとつで、またスウェーデンボルグ自身が科学者から出発しています。いえ、現代科学の最先端で、すでに伝統の合理性から大きく回転しているわけです」

「科学自体で、合理性から脱出する、と言いますと？」

「多面にわたっており、かなり難解なだけに、それぞれを独立させて扱ったらよいように思います」

「……では、それは保留にしておくとして……。霊界への転身に、宗教を超える光明が存在する、とはなんでしょうか？」

人間社会だけを見ても、理性を目標としながら、不条理に溢れているわけです。戦争をはじめ、犯罪や事故はむろんでしょう。また、自然災害から先天的ハンディ、さらに社会名目の独善性その他に、絶えず苦しめられています。それらをどう打開してゆくか。知恵と努力を集中し続けても、決して正当に報いられるとはかぎりません。……いえ、動物たちの運命なら、条理ということさえ、全く通用しないでしょう。

人類はかつて、不条理に対し、「神」という観念で回転を祈ったわけです。キリストや釈迦やモハメッドを、その導き手として、魂の救いを期待しました。巨大で絢爛の教会を見ただけでさえ、現実の不条理に対し、先人たちの熱情が燃えていたのを痛感させられます。だが、実情との落差で、その空しさに直面してきたわけです。

自然科学の実証性、合理精神では、人間心情の一面性を直視するにすぎません。現在の動向として、ロスト・ジェネレーションから実存哲学、不条理文学など、中世的観念論からの脱皮、と言えましょう。哲学者ニーチェと共に、「神は死んだ」と叫びだします。

「ところで〝死〟を消滅としか思えない、とはいえ、それは大宇宙構造のダマシらしい。その証拠に、死にかけると、逆に自然界をうとましく思うように変質するわけです」

「自然界にいるかぎり、変質ということを納得しにくい……。でも、ケーティ霊の出現、フォードの体験、スウェーデンボルグの見聞など、希有の事例だからというだけで、どうして否定できましょうか。人間同胞の代表として、暗夜の星にひとしいと思えます」

「よく〝死んでしまえばそれまでよ、生きているうちが花なのよ〟とうそぶき、虚無的現世主義を耳にするでしょう。ところがすべては連鎖しているようで、近代性の皮相・半面性を再自覚すべきです。霊現象に加え、自然科学の領域から、〝近代性〟の皮相に迫れたらと思います」


現実社会なら、電車の椅子で、隣席に凶悪犯がいても、容易に気付けないでしょう。ところが霊界に入るや、人間時代の行動で明確に分けられてしまうようです。

霊界は上・中・下の三つの層に分かれ、誰かが分類するのでなく、当人の行動、品性によって、それぞれふさわしい層に入ってゆくらしい。言うなれば〝自業自得〟で、そこがすばらしい摂理でしょう。

中世、〝神の裁き〟と言われながら、その教えは実情に反し、〝神は死んだ〟と叫ばれた。そうして近代のニヒリズム、実存哲学をうみましたが、人類はなおそこから脱け出していないでしょう。

現在は人間の理性や、社会の法で、無秩序に対抗しているのでありませんか？　しかし、犯罪や戦争はなお続き、それらは人間性のもろさと指摘されるでしょう。

矛盾に直面するや、たちまち意識下の情念に支配されやすくなる――多くのドラマに、描かれているところです。理性は麻痺状態に陥り、言動は暴走し、社会ルールは崩れ去りましょう。犯罪の検挙率は低く、たとえ加害者を裁けたところで、被害者は戻ってきません！　まして戦争の被害はむごたらしく、双方とも〝正義〟を叫びます。平和論さえ、第三者の場にある時と、当事者となった際の落差に、愕然とさせられます！

しかし、人間はそれを、

（おかしい、超えてゆかねば！）

と思う自覚も秘めているでしょう――総合次元の摂理に、潜在の霊性が照応するからに違いありません。野獣になく、人類だけに潜在するので、人間はその責務を負うのでしょう。生存上の優位性こそ、裏返せば、魂の責務を負わされている、ということになるでしょう。


「霊界の三層というのを、具体的に言えば、どういうことでしょうか?」

「上層界なら、霊界太陽が輝かしく、風景もまたみごとで、霊たちの品格がすばらしいようです——メルヘンのパラダイスが連想され、山脈の魅惑ひとつでさえ、自然界とは異質らしい。……でも中・下の層になるにつれ、状況が変貌し、下層などまさに地獄同然らしいのです」

「そういうしくみ、または摂理を、いったい誰が動かしているのですか?」

「霊界太陽、と言われています。霊界太陽は自然界と違い、頭上でなく、胸の高さの位置にあると言われます。光線も決して強くなく……でも、霊界秩序だけでなく、活動のすべてにわたるようです」

「活動のすべて、と言いますと?」

「霊たちが食べずにおれるのをはじめ……時間・空間を超えて、お互いにコミュニケーションしたり、また霊界秩序を常に維持するらしい」

「伝統の神の存在、と近いんじゃないでしょうか」

「神とは違い、支配人格めいたものでなく、巨大なルールのようです。……ただし、結局は〝謎〟というしかなく、多くの霊たちが解明しようとしながら、依然として彼方の存在です」

「人類は巨大な文明を築き、感動的な行動をしながら……なお恐ろしい破滅を招いています。この両面性を、霊界超論理で転回できないでしょうか⁉」

「そこに人類の使命がひそみましょうが……近代は超論理さえ容認しようとしないだけに、このままなら自滅しかねないでしょう」

第三幕

近代性の彼方に

武蔵野の名残をとどめ、自然がなお人間生活とハーモニィを保っています。……けやきの林があり、そこに小鳥らが騒ぎ、近くを川の流れが蛇行します。岸辺に北欧風の家が見え、窓からピアノの調べも流れてきます。

「黄昏のやさしさや、不思議なビジョンに、詩人ランボオやリルケと共に……潜在の幸福感というか、いのちのよみがえりを覚えるのです」

「ああ、同感ですが……日中の現実からの逃避じゃないでしょうか」

「人間は二面性を持っていて、驚嘆の魔力を示すかと思えば、また崩れやすいナイーブさを秘めているのでしょう。現代の現実がゆがんでいるなら、しばらく避けて、人間らしい復活を築いてゆきましょう」

「黄昏の薄明を、しばらくの逃避、と見なされるわけですか」

「いえ、薄明は日中のリアリズムを包み、しかも驚くべきメルヘンを秘めています。平板な近代主義を転回させ、文明の複眼性をとり戻し、魂の復活を実現させましょう」
「薄暮の中に、近代性を超える、と……?」

薄暮が深まり、それにつれてマジック同然に、印象が変貌してゆきます。郊外の住宅にすぎないのに、窓々が灯で明るむや、一帯はメルヘンの世界に豹変し始めます——窓が内から開かれ、メロディが流れだし、少女の姿が浮かび……窓に向かって、ヒマラヤシーダーが揺れ……。なんと少女の招きに、小人たちが口々にラッパをつけ、夜のコーラスに、室内へくりこんでゆくようです。……一瞬の幻影? いえ、空までふくめ、住宅街全体が見なれぬ状況を示してゆきます。仄闇のなかに、数えきれないロマンが点在し、けんめいに語りかけようとします。

「幻影の断片に酔わされていると、ごらんになるでしょう。いえ、近代人は実証主義になり、実利から現象の皮相性しか映せなくなったのです」

「潜在の領域に、感性を解放して、近代性を超えてゆかなければ、ということでしょうか」

「課題は多いですが、人類はいま、輝く発展の中にあります。人口急増、生活レベル向上、国際交流など、半世紀前と比べてさえ飛躍と言えます」

「客観的に見れば、そのとおりでしょうけれど……内面の空洞性を指摘されたいのでしょう」

「客観条件と共に、内面の充実こそ、むしろ比重が大きいはずです。でも現代は外面偏重で、内面性が空洞化していませんか。客観条件に力を注げば、当然の結果かもしれません」

「問題点を、もう少し具体化すれば、どういうことになるでしょうか」

「独断を許していただければ、三点に集約されましょう。——先ず死の不条理感と、消滅の虚無感と思えます。また、人類が野獣と異なるため、神の観念は幻影化しましたが、それに代わる形而性を掴めずにいます。これらの問題は人類共通ですが、個人は品性、能力ともに、それぞれの資質に開きがあります。そこに運命差まで加われば、なぜこんな不平等なのか……。誰が帳尻を合わせてくれるのでしょう?」

「二十一世紀の深い霧に、混迷をみちびく聖火など、無理でしょうか？……」

「そのために前提として、人類が辿った内面の変貌を辿ることでしょう。基本だけみれば、人間とは何か、特質が浮かびあがりそうです」

「と言いますと……？」

「人類は太古から、洞穴で暮らした頃から……内面の形象化と、形而上性への志向を示してきたでしょう——自己対象化と、有限を超えようとする情熱じゃないですか」

「洞穴の壁画はむろん、南米の地上絵や祭壇などをみると、人間は特殊な生物と思わずにおれません」

「集団生活が複雑化するにつれ、それを〝神〟の名で絶対化するのでしょう」

「半面で、絶対者を借り、権力者が登場するじゃないですか」

「ええ、自我情念と共に、絶対性に結びつけようとする意志こそ、人間煩悩の本質らしい。その志向を与えられておりますが、潜在しているだけに、自覚され難いでしょう」

「いま、イスラム社会を除けば、絶対者は幻影化しているけど……」

「ただ社会ルールだけで、内面原理を持てないから……積極的に犯罪が消え、テロの対立を解消し、利害を超えて生き甲斐に、という社会にならないのです」

「外に求めるだけで、内面の空洞化ですか」

「中世の神から脱皮し、近代性を超える原理、形而上性こそ、人類に最も問われるものでしょう」

「幻想めいて感じられますね。そんな原理を発見できましょうか?」

「潜在しているのに、近代性が人間を盲目にしているだけです」

「近代性が人間を盲目に、と言えば重大です! 具体的に言えば、どういうことで……回転のビジョンはないのでしょうか?」

「かつては人間を、意識的存在として、それだけで判断したわけでしょう。でも〝潜在意識〟はすでに公認され、明暗ともに、判断の要素にとり入れられています」

「原理的にはそうでしょう。でも、社会現象はもとより、個人の言動さえ、結果だけで判断されやすいのじゃないでしょうか」

「判定の条件として、意識的に基準を設け、それを一般化してゆくべきです。……いえ、潜在意識なら、もう日常の世界に入ってきているでしょう」

「しかし、超能力とか、ましてエクトプラズムや物質化霊ともなれば、まだ文化として市民権を得ていないわけです」

「事実として実在しながら、いかに物証で示そうとも、知性人は容認しない。コペルニクス的転回と同様、現代人の意識に、革命を起こせないでしょうか」

「超心理の足場からいくら物証で迫ろうと、コペルニクス的転回は至難でしょう」

「それならどうすればいいのですか？　転回の道はとざされているのでしょうか？……」

「二十一世紀の初頭なら、自然科学の理論こそ、人類の叡知とされましょう。超常現象やその能力など、事実として主張しようと、主観や根拠に乏しいもの、と軽く扱われます」

「自然科学の理論と、理論上で対決しなければ、ということですか？」

「おお、それこそ核心で、人類はなお科学理論から脱皮できずにいます。……相対性理論や量子論で、包もうとしていながら、心霊現象となれば、さらに質的な飛躍があるらしい」

「知性人でさえ、なお科学の限界に気付けないでいるのではないか、と思うのです。いえ、科学に限界がある、とまでは言うものの、科学的思考そのものを疑うことはないでしょう」

「科学的思考そのものに限界がある、と言いますと？」

「いま科学と呼んでいるものさえ、自然現象に対してだけです。言うなれば〝顕在宇宙〟を対象とするものでしょう。……しかし、顕在宇宙がすべて、とは言えないようです」

「顕在宇宙という概念など、初めて聞きますが、どういうことでしょう?」

「現在の宇宙に対し、〝潜在宇宙〟と呼ぶしかない実在を、想像するしかないからです」

「潜在宇宙、と言いますと?」

「宇宙に関し、超論理の発言を、パイオニアの科学者たちが次々と主張しているのです。それぞれ専攻分野は違い、連係もなく、表現もまたそれぞれです。私は門外の徒ですから、結論だけを並べましょう」

(一)〝ビッグ・バン〟と呼ばれ、宇宙は大爆発で誕生した、と言われます。これは爆発なので、四方に拡大します。空間がうまれ、時間が経過します。ここからが超論理で——二〇〇八年なら、二〇〇八年の宇宙の広さこそ、絶対空間なのです。(その外はどうなっているの?)と問おうと、外など存在しない。……それなのに二〇〇九年になれば、宇宙は拡大中だけに、二〇〇八年の空間より広くなりましょう。拡大した部分はどこからきたのか、と問わずにおれません。しかし、その考え方そのものこそ、三次元立体の発想法と言うべきでしょう。拡大の質が別なのですから、空間を左右するルールを転換させるしかありません。

（二）現象界を見ますと、電気の＋・－から、地球の南極・北極、生物の雄・雌や、あるいは生と死に至るまで、対称性を示します。ミクロからマクロを通し、実に整然と対称的に構成されているようです。いえ、対称性だから、現象が出現するのでしょう。

ところが最大の宇宙に、対称性は観測されないようです。宇宙望遠鏡の性能はどんどん向上し、何億光年の彼方までキャッチしはじめているらしい。気の遠くなる広大さで、しかも現象界はすべて対称をキャッチしていながらです。いや、観測技術がいかに向上しようと、宇宙の対称性は観測不能にちがいありません。

理論物理学者はそこで、仮説を提出しています。――宇宙から「ワーム・ホール」という橋を渡って、「もう一つの宇宙」に着くであろう、と。ただし、科学技術はむろん、ナマ身の人間たちに、具体化できる領域ではないようです。

（三）天体観測の近況によりますに、観測不能の状況に気付いているようです。観測と言えば、実体あるものが対象に、となるでしょうが、しかし、天体望遠鏡には映らないけれど、実在と呼ぶしかない何かを認めざるを得ない――それを仮に「ダーク・マター」と名付け、天体観測の要素にとり上げています。

言うなれば〝ブラック・ホール〟で、そこではすべての天体が吸いこまれ、消えてしまうといいます。……先に「もう一つの宇宙」と出ていますすけれど、門外者からみますと、ブラック・ホールがそれにあたるのじゃないかと直覚されます。ブラック・ホールと名付けるのも、吸引性が強く、周辺の天体を吸いこむとされているからです。独善発言の延長として、つけ加えさせていただくと、〝超自然界〟への入口に当たるように思えてなりません。

量子論なら、一つのものなのに同時に二箇所にある、という超論理、超自然現象を示されているわけでしょう。自然科学自体が従来の理論から、超論理の領域へと転身を見せているといえるようです。これを単に科学の世界、と割り切るのでなく、人生そのものを含むとはなぜ考えないのでしょうか。

二十一世紀の内面聖火

「輝かしいルネッサンスを、人類は切り開いたわけです。中世の不合理性や封建支配から解放され、人々は輝かしさに恍惚となったでしょう。豊かな未来が見え、勇気とエネルギーに溢れ……」

「近代性はそこを出発点に、驚くべき発展を示したに違いありません！　絢爛《けんらん》の技術、人類の華やかさをみれば、まさにミラクルの状況です」

「ところが現代人にいま、死や不条理を包む、ほんとうの安らぎがありましょうか。むしろそこから眼をそらそうと、外側の成果や楽しみに操られているように見えます」

「といって失意からの逃避や、逆に自我拡大の幻想で……近代性以前の宗教に、逃げこむようじゃ困りましょう」

「宗教に代わり、しかも近代性を包み、内面原理となるものこそ、いま必要とされているのです。超心理の分野で、さまざまな試み、主張をみますけれど、日常社会から遊離しているように思えてなりません」

「コペルニクスは〝地球から太陽〟への転換でしたが……いま問われるものこそ、〝近代性から超近代〟ではありませんか」

「近代から超近代へとは、どういうことでしょう?」

「コペルニクスを半ば引き継ぎ、さらに深化させ、むしろ転回となるものでしょう。精神文化の発展がそれで、人類がそこに立って生死しようとする時、深い充溢感を手中にできましょう」

「抽象的すぎて……」

「近代性を超え、人間の特異性、精神性を具体化してゆくことです! と言ったところで、まだ観念的にしか思えないでしょうが……」


近代性は自然法しか、認めようとしない。というよりそれを知性、または良心としています。自然法は明と暗、あるいは条理と不条理の両面を抱えていましょう。だから人間はむろんのこと、生物はそれと対決して、知恵と努力を傾けねばならないわけです。いや、それだけの心血を注いだところで、しょせん有限で無常です。無常だからこそ、逆に次の現象が出現できるわけです。

しかし、宇宙は沈黙しているばかりで、生物の不条理に手を加えようとはしません。それなのに生物を生みだし、高度の人類が出現するなど、何者のしわざでしょうか!?

「心なき自然現象も、有情の生物運命も、共に潜在性の宇宙が母体でしょう。母体というより、宇宙自体の変態現象かもしれません」

「有情性と機械性と、共に自然の両面性に違いないわけです。単に異質として分けてきた考え方こそ、とらわれた狭さでしょう」

「直感的には、共感できそうですが……具体化すればどうなりましょうか?」

「文明の変化状況を、かなり具体的に辿ってきたわけです。しかし二十世紀の一般性と、どれも全く相容れないだけに、無視されるか、嘲笑されるだけかもしれません。だから、公立図書館長で、進歩派の方から——あなたの著書が理解されるには、三十年の落差がありましょう、と洞見されました」

「パイオニアの先覚か、独善の偏向なのか、判定に絶対尺度なんてない。……安全をとり、時代の半歩先ぐらいをゆくか、たとえ埋没しようと、三十年後に賭けるか、当人の決断かもしれません」

「そう、生命の本来性こそ、対決の賭けなのでしょう。だから転落もまた当たり前、と覚悟するしかありません！」

「それならテーマの出発点に戻り、近代人の〝潜在空白〟をどう突きぬけるか、転回へのビジョンに迫れましょうか……？」

近代文明を超えて

時　二十一世紀初頭
　　夜半
所　高原湖畔
　　山小屋ベランダ

登場者
A　批判探求論者
B　近代性肯定論者
C　超近代回転論者
D　謎の訪問者（超自然）

文明繁栄の課題

A　現代文明のレベル・アップはみごとで、まばゆいほどの絢爛さでしょう。人口は爆発的に急増し、生活スタイルは革命的に向上し、さらに国際交流が日常化しているわけです。
C　そのあと、「近代文明は、しかし……」と、批判されたいのでしょう。
A　（は、は、は……）
B　いま挙げられた状況は外面で、現代人の内面は空洞化じゃないか。問題はそこにひそんでいるので、年少者の自殺から、テロ、核武装化……と、陰性になっていることを憂えておいでかもしれません。
A　みな先取りされ、現代人はそれほど課題の共有を強いられているということかもしれません。しかし、それほど客観視されているなら、逆に打開の道など至難だ、ということの裏付けじゃないですか？

Ｂ　過渡期の淘汰で、文明の躍進には、いつも混乱があったらしい。

Ｃ　そのとおりでしょうが、近代文明はどんな方向に進めばよいのか、ビジョンが見えるでしょうか？

Ｂ　観念論は飛躍に陥りやすく、そこに民族主義などの落とし穴があったでしょう。社会がこれほど多面で、文明が研ぎすまされたら、実証的に一歩ずつ進むしかありません。

Ａ　千人千論の混迷で、そこをヒトラーみたいな野望家に操られたじゃないですか？

Ｂ　社会の構造、円熟度がその頃とは、大きく隔たっているでしょう。

Ｃ　ほんとうにそう楽観できるか……ジャングルを進むのに、地図と羅針盤を必要とするようなものでしょう。

Ａ　いま、社会ルールとして、行動の外面羅針ならあっても……内面性は空洞じゃないでしょうか!?　年少者の自殺はむろん、テロの行動原理だって、逆に空しさを思わずにおれません。

B　アインシュタインの相対性理論こそ、近代性の象徴、近代に絶対性の幻影は滅びたと自覚すべきでしょう。生物の宿命として、自分で餌をとり、敵から身を守るしかない。人間集団だって、交渉の合理化だけで、内面うんぬんは逃避と違いますか。

C　クールに割り切れるほど、人間性は一面的でしょうか？　たとい社会で勝ったところで、誰でも死を迎えねばならない。死後など虚無として、判断を中止できましょうか？

B　このごろ心霊現象とか騒がれているようですが、宗教の現代的復活じゃないですか。現実から逃避しないで、現在の充実こそ、即悠久性でしょう。

A　今を充実させ、それが悠久性につながるなら、確かにすばらしい！　しかし空の鳥や野の花達と、人類は違うようです——倫理性に悩んだり、宇宙について模索したりするなど、やはり人類の特異性でしょう。

C　人類は大宇宙の半面性らしく、それだけの特権と使命を負わされているようです。近代は特権に溺れ、使命を棚上げしているから、内面の砂漠を招いたのではないでしょうか？

B　人類はこれほどすばらしい発展をしたのに、人間は欲が深すぎる。だから前進してゆけるのでしょうが、限度を忘れると、逆に転落しかねないでしょう。先賢たちは〝謙虚なれ〟と叫んだけれど、いま最も自戒すべきことでしょう。

Ａ　同感ですが……競争原理に追われると、遠慮していれば淘汰されてしまう。活躍期の人々に〝うつ〟がふえているのも、淘汰から逃れようとする結果でしょう。

Ｃ　ああ、現代人には神に代わるものがなく、死は消滅としか映らないからです。国際的連鎖を救いにしようとしますが、それとて競争、利害の状況に変わりやすく、そうなれば連鎖など幻影でしかない！

Ａ　批判なら誰もやれるので、中世に逆戻りではなく、近代性の砂漠から転換のビジョンはあるでしょうか？

Ｃ　両面性の転換と思え――先ず人間意識の潜在転換でしょう。……個人を超えて、人類は連鎖しており、その先に異次元の領域がありましょう。現在のところ、自然科学の実証主義に否定されていますが、科学の先端で、自己脱皮が始まっているらしい。

Ａ　科学の自己脱皮、とは具体的にどういうことでしょう!?

Ｃ　専門の一冊を必要としますが……科学的合理性を科学自体が転回させなければ、という段階に入ったようです。主なものを、そのアウト・ラインだけをとり出しますと……。

アインシュタインの相対性理論こそ、先ず機械的と言うべき合理性から、脱皮回転でしょう。空間や時間さえ、相対的に伸縮するという。伝統の合理性から、革命的脱皮に違いありません。

さらにボーアらをはじめ、量子力学の展開になれば、人間の認識力さえ超えましょう。最先端の主張によると、一つのものが同時に二点に存在できるらしく、こうなれば自然界の現象さえ、超えてしまうと思わずにおれません。

また、ガモフは宇宙のはじまりを〝ビッグ・バン〟と呼び、大爆発で始まったと説明します。超高温、超高速で拡大し、宇宙空間と時間の流れを現出させたらしい——それなら二〇〇八年の宇宙と較べ、二〇〇九年の宇宙は大きくなるわけです。とすれば二〇〇八年の宇宙の外側はどうなのか、と問わずにおれません。ところが二〇〇八年の時点では、二〇〇八年の宇宙空間がすべてであり、外側などというものは存在しない。外側に空間はないのに、二〇〇九年になれば、二〇〇八年の宇宙より広大になるというのです。……事実として確かなら、三次元の空間理論は通用しなくなります。

最先端の宇宙論で、ビッグ・バンから、さらに〝インフレーション宇宙〟と呼び、宇宙は一瞬で生まれたと言いましょう。超高温、超高速で拡大し、さらに子宇宙、孫宇宙の実在まで指摘するようです――これも自然現象なら、地球上の自然現象など、奇怪さの中にスッポリのみこまれましょう。理論物理の最先端からみれば、メルヘンやSFでさえ、なおちっぽけと思わずにおれません。

ここで理論物理学者に戻り、大宇宙の謎にどう対応しようとするか、参照してみましょう――自然界の現象をみると、電流の＋、－をはじめ、すべて対称性で成り立っています。地球の南極、北極はむろん、生物の雌、雄や、さらに生と死にまで及びます。逆に対称性だから、現象がおこると言えます。

ミクロからマクロに及んで、実に整然としており、そのルールに、感動と神秘感を覚えずにおれません。ところがなぜか、最大の宇宙に、対称性が観測されないと言います。現在の科学技術が未発達だからでなく、おそらく本質的に不可能らしいのです。そこである理論物理学者が仮説として、独自の理論を試みているようです――現宇宙から、ワーム・

ホールという橋を渡り、〝もう一つの宇宙〟に到達するにちがいない、と。

こうなりますと、自然科学の領域を超えてしまい、〝超自然界〟に転じるように思えてきます。そう、天体観測の分野で、今やその領域まで探知しかけているらしい。〝ダーク・マター〟と名付けられた存在、天体現象がそこではストップし、逆に一切を呑みこんでしまう。呑みこまれたら、再び現象界には出てこられなくなるという。

ここまできて自然科学と、超心理、心霊現象とが重なってくる、と思わずにおれません。潜在意識から、さらに超能力をさぐりました。根拠を思いめぐらし——次元の転換を思わされ、その理論上のリアリティを、ここに重ね合わせられそうです。さらに一歩をすすめ、自然科学と心霊科学が照応し、共に大宇宙の法則、摂理として受け入れなければならないようです。

Ａ　自然科学の転換、むしろ脱皮をお聞きし……人類自体の進化を招けないでしょうか？
Ｂ　具体的に言えば、どういうことでしょう？
Ａ　原人ピテカントロプスから、旧人ネアンデルタールを経て、新人クロマニヨンへと進化したように……人類が次の進化、超近代人へと脱皮できたらと願うのです。
Ｂ　ユニークな発想ですが、哲学者ニーチェは〝超人〟を説いています。ヒトラーがそれを利用したわけでないと言うけど、ナチズムの〝選ばれた者〟という意識と、情念の底流で、それらは共通じゃないでしょうか？　危険な正当化を招き、対立する者たちを抹殺してゆくことになるでしょう。
Ａ　それとは全く逆で、人類が底流でつながるなら、対立の壁はとり除かれる。現象面の利害、優劣を、乗り越えられるとすれば、人間の主体性でしかやれないことでしょう。
Ｂ　観念としては美しいけれど、残念ながら〝淘汰〟を認めるしかない。――オーストラリアの実例ですが、草原に兎を入れたのです。そこには天敵がいなかったので、兎は急速にふえていった。たちまち草を食い尽くし、彼らは全滅していったわけです。
Ａ　人類の人口爆発を、それに重ねよ、と？……。
Ｃ　人間は自然界の現象・論理だけを、すべてだと思いやすく生まれているけれど……人類の進化を叫ぶべき時かもしれません。人類は生存上で優位の特権を与えられ、半面で生きる意味、価値を、みずから問わずにおれないでしょう。

B　ゴーギャンの「……どこから来たのか、何者か、どこへ行くのか」というところですか？　宗教家たちは超人間、絶対者を使って、一般人の迷いを操ってきたと言えるじゃないですか。

C　そのとおりで、大宇宙の摂理でしょうが、それを中世の超越者にすりかえるのでなく、逆に人間自身の潜在性に転ずべきでしょう。と同時に、近代の自我中心ではなく、大宇宙の潜在摂理と照応してゆく——宇宙は雄大でも無言、逆に人間は認識力を与えられた半面、有限な存在だからです。

A　指摘されるところ……すべて二元性の構成こそ、大宇宙の摂理らしいと見えてきます。

C　決して近代の合理性が滅びたのでなく、それと矛盾することなく、超論理に包まれている。

（このとき山小舎に、未知の青年が卒然と姿を現した。長身でさわやかな容貌、にこやかに笑顔で挨拶する）

D　とつぜんおじゃましてすみません。

（一同仰天の表情で、沈黙のまま見守る）

B　どういう方ですか……どうしてこんなところに？

D　それをご説明しても、ご理解いただけないように思います。……もしお役に立てるなら、と考えただけで、決して怪しい者ではありません、ご心配はお掛けしません。

A　仲間に加わって下さるなら、個人的なことなど棚上げすべきじゃないでしょうか。

C　そのとおりです。キリストは「山上の垂訓」で〝汝の敵を愛せよ〟とさえ説いています。人類はいま近代文明の頂点に立ち、また建設的な意欲に溢れておりながら、その根源に、空洞感を秘めていましょう。

B　そんなキリストも、体制派の権力から異端とされて、十字架の刑に処せられたじゃないですか⁉　キリストの犠牲を、後の人々から感銘されようと、そんなことを再び起こしてはならないのです！

D　ご指摘のところこそ、現代の最大テーマかもしれません。宗教に距離感を抱くのも、そこに原因がありましょう。

B　ああ、確かにそのとおりなんだが……。

A　そう、われわれが「山上で」論じ合っているのも、衆知によって到達できないか、ということじゃないですか。新来のお方……この悲願をおわかりいただけましょうか?

D　いま文明乱世で、人間中心、合理性から脱皮できませんから、潜在情念が空洞なのでしょう。

A　文明乱世、とおっしゃると?

D　人類が地球上に出現し、巨大文明を築けたことを、どういう必然とお考えでしょうか?　……銀河系には一千億の星群があって、人間の脳にもまた、一千億の神経細胞が張りめぐらされているのです。

A　一千億の星群と、一千億の脳神経細胞ね……気の遠くなる状況に包まれ、しかし本来の理由に気付けない……。

D　浪漫主義の哲学者、シェリングの叡知を引用しますと――自然は隠れた精神であり、精神は現れた自然である、ということかもしれません。

A　自然というのを、銀河とも、野の草花とも入れ換えられましょうが……。精神を、現れた自然だと言われても、具体的にどういうことを指すのでしょう?

D　人類の叡知、選択がそこにひそむのでしょうが……中世なら、教会堂や大寺院建造となり、近代は合理思考、主体意志となったわけでしょう。

B　お二方の中に、口を挟むようですが、近代文明に問題が多いのも確かでしょう。なお開拓前進中で、批判はあろうと、逆戻りは許されまい！

D　おっしゃるとおり、逆戻りは誤りで、混同されかねない。そこがキー・ポイントでしょうし、弁証法で言えば、アンチ・テーゼを包み、総合となりましょうか。

C　現状への批判こそ、前進のバネでしょうが……批判はネガティブでしかないわけです。批判ではなく、まだ見ぬビジョンこそ、少しぐらいのマイナスさえ、包み込んでゆくものでしょう。

B　混迷を照らし、具体的に炬火《かがりび》として掲げられるものなどありましょうか!?　宗教を絶対視する人々はあろうと、国際的視野から、人類の炬火とはなり得ないからです。

C　ドグマというご批判を、甘んじて受け……でも、近代性の混迷、限界を超えるものこそ、〝潜在領域〟にひそんでいると洞見します。――潜在領域と言えば、情念マグマと共に、連鎖の超自我が重複しましょう。犯罪や戦争と、人類愛や献身との両面性、二元性だけに、人間の主体性、モラルを問われます。

A　すぐれたドラマこそ、その対決燃焼の恍惚を描きだしているでしょう。しかし、感銘を受けるものほど、決して調和的でなく、破綻の悲劇に満ちているのではないでしょうか。

D　人類は特殊な生物で、それだけの使命を負うものなのでしょう。生存上で特権を与えられている半面、宇宙解明の責務こそ、重要と思います。いいえ、単に銀河系の開拓だけでなく、魂のありようこそ大切でしょう。それが人間の使命なら、生存上の制約を負いながら、魂の豊かさを問われましょう。

A　魂のありよう、と言われると?

D　人間は他の生命を奪わなければ、生きてゆけないわけです。それを権利とするのでなく、それだけの責務を負う。……また、生き続けようとしながら、必ず死を迎えねばなりません。といって、どんな生きざまをしようと、死の消滅によってすべてが清算されましょうか?

A　釈迦の「色即是空」こそ、叡知なのかもしれません。近代性は現象の一面性だけしか、見ようとしないのかもしれません。

D　もう一歩それを掘り下げますと、自然界は決して単独で成立しているわけでありません。超自然界と照応しており、人間の行動でいえば〝因果応報〟となります。宗教のお説教めいて映るので、知性人なら、苦笑なさるに違いない。

三方の角度から裏付けを追いましょう。

先ず近代科学の先端で、自然観測の限界と直面したわけでしょう。科学的方法とて、人間が掴んだものです。まるで絶対のように感じ、疑ってみようとしないことに、知性人の観念主義がひそみます。いま、量子論により、伝統の合理性もぬりかえられているわけです。……同時に、宇宙観測の面から、いわゆる実証性はまひ状況です。あるいは三次元の空間論など、崩壊しているわけです。

これらと照応して、ケーティ・キングの実験例に、「物質化霊」の出現を見るでしょう。決して幻影と言えるものでなく、「エクトプラズム」を媒介に、三次元の現象界とつながりを持つのです。これらさえ一種の投影ですが、先の霊能者フォードや、生まれ変わって〝前世を語る女、ブライディ・マーフィ〟を、否定することなどできましょうか⁉　ブライディ・マーフィの世界や、科学者兼霊能者のスウェーデンボルグこそ、巨大なスケールで明白に語りかけているのです！

スウェーデンボルグは初め科学者で、やがて政治家を経て、霊能者となります。……生身のままで、心霊だけ遊離させ、異次元の世界に入っていったようです。見聞したところを、再び生身に戻って記述しています。著作は『霊界日記』と呼ばれ、図書館ではなく、大英博物館に所蔵されているといいます。

——肉体をこの世に置いたまま、霊となって、人間の死後の世界、霊の世界に出入りしてきた、と述べているのです。スウェーデンボルグによる、超常技術と呼ぶしかないこの事例に、目撃者がおり、証言も残っています。

——スウェーデンボルグは部屋にとじこもり、むろん食事もしない。死者のように横たわったまま、何日も変化が無かった、という。……当人はやがて意識の変化を感じ、それを憶えており、同書中に記しています。生理的には仮死の状態で、心霊だけ遊離させるという技術らしい。近代で類似の例なら、アメリカのエドガー・ケイシーや、先の三田光一などになりましょう。

スウェーデンボルグと同時代人に、エマヌエル・カントがおり、対照的に〝理性の化身〟と呼ばれました。——哲学者として「純粋理性批判」「実践理性批判」など、人間の指針を探求しているわけです。——ところが一方で、彼はスウェーデンボルグについてわざわざ著作して、その真価を強調しているのです。

スウェーデンボルグがいかに大きな影響を残したか——。一九一〇年に及んで、ロンドン国際スウェーデンボルグ会が開かれています。世界各国から、学者や宗教家など、約四百人が集まりました。専門の二十部門に分かれ、二十世紀の学問水準で討議したといいます。

A　ほんとうに霊界が実在するなら……はたしてどんな状況なのか？　スウェーデンボルグはそれを、どう伝えてくれるのですか？

B　現代は混迷しているだけに、怪しげなアジテーションが溢れている。第二次大戦時には、一握りの野心家どもに、批判者さえ拘束されたのです!!

C　大戦時の反動から、逆に現代の内面砂漠を招いたわけでしょう。現実の不条理から、眼をそらすべきでないものの……それだけをすべてとみれば、人類の飛躍はない!!

D　お三方の主張に、二十一世紀のテーマが集約されているようです。次元交差に、打開の聖火を見ようとすれば、人類は異色の丘に立てるかと思えますが……。

A　結論はともあれ、知性人なら、霧の中に置かれていましょう。丘に立つため、〝次元交差〟とやらを、どうかお聞かせください……。

D　人類文化の向上、宇宙の開発こそ、霊長類としての使命に違いありません。それだけに現実の不条理から、眼をそらしてはならないし、改善に努めたいものです。ただしそれだけがすべてと思うのも、人間の幻覚でしょう。

A　スウェーデンボルグはそれを、どのように導いているのでしょうか?

C　スウェーデンボルグさえ象徴であって、実に多面的な近代性転回が出されているわけでしょう。二十一世紀の文化的リーダーたちこそ、自覚と勇気で、現代砂漠からよみがえらねば!

D　潜在領域に、コペルニクス的転回が起きるかもしれません。

Ａ　具体的にどういうことなのか、わかりやすく案内していただきたい！
Ｄ　すべて対称性ゆえに現象が起こるとおり、自然界に対して、超自然界が厳然とあります。だから論理に対し、超論理、いや摂理で運ばれましょう。
Ｃ　現代の最高テーマ、いや人類と言うべきですが、それは〝死〟と〝超越者〟と〝人間の意志選択〟じゃないでしょうか？
Ｄ　根底に〝超論理〟を、人類を超えたものとして受け容れてかからねばなりません。決して非論理、歪曲感情ではなく、言うなれば相対性理論や量子論に類し、それらさえ包むものらしい。
Ｃ　スウェーデンボルグによると、〝霊界太陽〟ですか？
Ｄ　そう、不可知の謎で……自然界をふくめ、すべての摂理、エネルギーの根源と見られます。──低い位置に熱線もなく見え、新来の霊たちに、（ああ、ここはやはり霊界なのか）との自覚を促すようです。
Ａ　そうしますと、死は消滅でなく、変身現象のようなものでしょうか……。
Ｄ　量子論なら、一つのものが分裂もしないのに、二点に同時に実在するようだし……蝉が蛹《さなぎ》として地中にあって、地上でぬけ出して……など、類似の現象もありましょう。

C　プラナリアなんか、二つに切っても、忽ち二匹として活動すると言うのですから、生命を形だけで見たら誤りなのでしょう。

D　人間は自然界で消滅するや、霊体として異次元に転身しますが……肉体から脱出しますので、霊性だけが拡大されるのでしょう。

A　霊性の拡大、と言いますと？

D　内面性の高低だけ、霊界では問われます。人間時代の身分、経済力など、すべて手段ですから、全く通用しません。

A　………。

D　霊性の高低によって、住める環境が分かれ、前世の〝因果応報〟となるわけです。もし〝自業自得〟でなければ、人類の精神文化など宙に浮くじゃありませんか!!

A　現実の社会では、表現のうまい奴がのし上がりやすいし……また凶悪犯が隣にいても、気付けずにいたりします。

D　自然界と霊界との照応によって、人類をふくめ、大宇宙の前進が実現してゆくでありましょう……。

C　霊妙な大宇宙と、人類の精神的自律を、改めて悟らされ……恍惚の思いで、勇気をふるいおこさねばと思います！

異次元に入って

探究者　これまで内容を追ってきて、この世とあの世の関係さえ、ほぼ理解できたと思えてきました。ただし二つの角度から、具体的になお、はっきりしないように思えます。

トランスレータ　二つの点と言えば、何と何でしょう？

探究者　先ずサイエンスの最先端で、トップ・レベルの専門家たちに、このテーマをどう判断されましょう？

トランスレータ　夜空を仰げば、満天の星群ですが……これまで、宇宙空間にはこの星々しかない、と思われてきたわけです。ところが近年になって、〝ダーク・マター〟と呼ばれる見えない何かが実在し、しかもそれは星々の量よりずっと多い、とわかってきたようです。

探究者　「ダーク・マター」ね。専門の科学誌などで、チラと見たことはありますけれど、いったいどういうものでしょうか？

トランスレータ　どういうものなのか、専門家たちにさえ、今のところ正体を掴めていない。……あるいは自然界の人間には、理解できないのかもしれません。

探究者　自然界の人間には……と考えるなら、超自然界の何か？

トランスレータ　私らには何とも言いかねね……いや、門外漢だけでなく、研究者たちにとってさえ、ダーク・マターの実在など、考えも及ばなかったようです。

探究者　ダーク・マターと聞けば……たじろがされる印象ですけど、宇宙は〝ビッグ・バン〟に始まった、と言うじゃないですか。ビッグ・バンなら一般化しましたけど、それさえ従来の自然科学なら、ナンセンスと言われたにちがいありません。

トランスレータ　自然科学を、これまでいわゆる〝合理性〟と断定してきながら、その限界につき当たった、ということかもしれません。……アインシュタインの相対性理論が登場して以来、機械論めいた合理性など崩壊しているわけでしょう。

探究者　考え方そのものに、質の変貌でしょうか。

トランスレータ　量子論などになると、素人には理解至難ですけど……どうやら霊界の〝超論理〟と通い合うように映りますね。

探究者　心霊現象や心霊研究と、科学とは水と油のように対応され、全くかかわりが無かったじゃないですか。でも、ビッグ・バンや、「ダーク・マター」になればね、方法論の違いでしかないと思えてなりません。

トランスレータ　中世の神秘主義と近代の合理主義とは、全く対比と映っていたわけでしょう。二十一世紀には、双方をもっと大きな視点から、ユニークに再構成してゆくべきでしょうね。

探究者　ユニークな転回から、何が招かれることになりましょうか⁉

トランスレータ　単に（死）を消滅としか見なかったり、また、善悪の報いさえ、社会の判定でしか考えない、という現状で――それらは半面性でしかない、ということです。根拠を示して、質的に大きく転回させねばなりません。

探究者　幻想でなく、ほんとうにそうであれば、コペルニクス的転回と同様、無常の内容は変わるし、打算的な社会ルールなど、笑い話になりましょう。

トランスレータ　他力本願に求めるのでなく、現状を転回させてゆかねば、ということじゃないでしょうか？

探究者　近代合理主義を超えて、超近代の夜明け、ということでしょうか。そうなれば日常生活さえ、もっとふくらみを持てそうだし、従来の「死」とて、一種の変身現象と思えそうで……。

トランスレータ　蝶の羽化だって、変身現象でしょうし……どう変身するか、データを借りて、具象的に追ってゆきましょう！

自然界からの転身

情念の変貌

探究者　人間だけでなく、生物ならみな〈死〉を恐れ、死から逃げようとするわけです。それどころか〈死〉なんて、考えたくもないので、意識から追いやろうとします。――死にたくないのに、死ななけりゃならないなんて、生物はなんと残酷な宿命でしょう！

トランスレータ　ところが先のアーサー・フォードの体験で、ふしぎな変身、感情の転化をごらんになったでしょう。彼はアル中で死にかけ、異次元に足をふみ入れる。……ところが彼には、人間社会で、まだやるべき使命が残されていた。そこで生き返らされるのですが……彼は生き返るのは嫌だ、と反発しましょう。――お気付きのとおり、自然界にいた頃と、感情はクルリと百八十度の変貌をしているのです。つまり（死にたくない）と思うことさえ、自然界にいる時だけのことらしい。ですから死への恐怖だって、決して絶対的でない。そう、オーロラを見て、実体があると思うのに似て、いわば或る幻影に、ふりまわされているような状況かもしれません。

探究者　ハ、ハ、ハ……。生への執着、死の恐怖だって、大空のオーロラや虹に似たものとなれば、多少は気が楽になるかな？　……でも、死が迫れば、やはりたじろぎ、わめきたくなるじゃないですか？

トランスレータ　いや、フォードの例だけでなく、身近にも似た体験者がおります。……彼は重い病でいったん死にかけ、途中から生き返るのですが……死にかけると、少し息苦しくなったらしい。（あ、これが死というものか……）と思い、でも深刻な思いはなく、ただ認識としてとらえたにすぎない。暫くするうち、息苦しさなど無くなり、安らかな澄んだ心境に移りだした。――逆に、蘇生する際、フォードと同様、おっくうで抵抗感があったそうです。

探究者　これまでそんなこと、ほとんど知られていない。――死は恐ろしくて、絶望的なもの、と映ってきたのじゃないでしょうか。赤ん坊のお産にも〝案ずるより、産むは安し〟と言われますけど……霊界への転身だって、やはり同様なのかな？　どうも死は恐怖・消滅とだけ見えて、総合的な発想なんて、全く無かったんじゃないでしょうか!?

トンネル通過

トランスレータ　一般通念にも、むろん正当なものはたくさんありますけど、本質的なものになるほど、玉石混淆じゃないですか？

探究者　自然界を去ってから、他界者はどんな過程を辿るのでしょうか。……そんなことまで、はたしてわかるものなのかどうか……。

トランスレータ　最終的には〝霊界〟に転身し、霊として活動するらしい。主要参考文献のトップにあげておきましたけど、スウェーデンボルグの著作『私は霊界を見てきた』こそ、刮目して追うべきかと思うのです。

探究者　霊界を見てきたと言うなら、いったん死んでから、また生き返ったわけでしょうか……。

トランスレータ　いえ、生きていながら、彼の特殊技術によって、仮死の状態となる。霊だけを分離させ、分身が異次元に潜入ということらしい――彼は書斎にとじこもり、仮死の状態に変身して、霊だけを活動させたという……。そこを目撃した者もおり、証言として残っているようです。

探究者　でも、考えられない！

トランスレータ　スウェーデンボルグこそ、今世紀に再研究すべき人物、近代理念とは対照的でしょう。

探究者　どこに生まれ、どういう生涯を辿り、どんな業績を残したのですか？

トランスレータ　前にも少し紹介しましたとおり、スウェーデンのストックホルムに生まれ、初めはなんと科学者から出発したのです。やがて政治に転じ、政治家としても活躍した。ダ・ビンチに似て、万能エリートだったのでしょう。晩年に霊能者となり、霊界に潜入し、その見聞を、再び人間界に戻って書いたようです。彼の著書は図書館でなく、大英博物館に保管され、世界三大奇書の一つとされています。

探究者　奇書となれば、首をひねりますだけに、高い知性人から、どう見られているでしょうか?

トランスレータ　先にふれましたとおり、エマヌエル・カントと言えば、「純粋理性批判」をはじめ、三大著作によって、理性の化身と評されているでしょう。実はスウェーデンボルグと同時代人で、彼のためにわざわざ著作して、先の著書を評価し、その信ずべきを述べました。

探究者　カントの著作からすれば、まるで対照的と思えますのに……それなら再検討すべきでしょうね。

トランスレータ　カントの支持だけでなく、一九一〇年に、ロンドン国際スウェーデンボルグ会が開かれました。世界各国から、学者、宗教家たちが約四百人も集まりました。それぞれ専門の二十部門に分かれ、二十世紀の学問水準で討議したようです。

探究者　初めて耳にします。社会的には、あまり知られていないのじゃないでしょうか。

トランスレータ　評価だって、時代の反映でしょう。むしろ底光りのものほど、近代の現実主義に消し去られてきたように思えます。

探究者　先覚者スウェーデンボルグに、現代の偏狭さを思わされるようですが……。人間は自然界を去ってから、どんな状況に入ってゆくのでしょう!?

トランスレータ　いったん他界して、自然界にカム・バックした人々とて、体験の証言は必ずしも同じとは言えません。――最も多いものとして、俗に〝トンネル通過〟と呼ばれる状況で知らされます。

探究者　え？　……〝トンネル通過〟とは、具体的にどういうことでしょう？

トランスレータ　赤ん坊の誕生と共通のようで……他界者は暗い円筒状の中にいて、上のほうへ引き上げられてゆくらしい。まわりには誰もいなくて、孤独の状態で……誕生もそうじゃありませんか？

探究者　……暗い円筒状ね。

トランスレータ　頭上に丸く穴があいており、そこから光線がさしこんでくるらしい。仄かな光で、まわりの壁がキラッ、キラッと光るようです。誕生も他界も、本来は孤独なのかもしれません。孤独だけに、逆に助け合うしかないのでしょう。

探究者　でも、誕生のほうなら、四つ子や五つ子だってあるじゃないですか……。

トランスレータ　たとえ四人いっしょでも、お互いの間にコミュニケーションなんかあるでしょうか？　――群衆の雑踏も同様で、だから逆に、共感をお互いにつくりだしてゆくしかありません！

探究者　――で、暗い円筒を、上に引き上げられて、霊界に入るのですか？

トランスレータ　いいえ、人間が赤ん坊から、いくつもの段階を経て、集団で活躍するのと似て、やはりいくつもの過程を経るようです。

探究者　いくつもの過程、と言いますと？

トランスレータ　初めに〝精霊界〟と呼ばれ、盆地めいたところに入ります。昔から〝中陰〟と呼ばれ、なぜか知られていたようです。ここでナマ身時代の汚臭を、内面的に洗い落とすらしい。――俗に〝生き返り〟と言われ、死んだと思えたのに蘇生するのも、この段階までのようです。

霊界誕生！

探究者　死に対し、これまで単に消滅と思えたのに……そうしますと〝変身現象〟のようなものとも見えますけど……。

トランスレータ　まさにそのとおり!!　中世の神秘主義、封建社会から、人間としての解放・独立のために、近代は合理性しか受け入れようとしなくなった。そこに近代人の半面性、倫理的混迷がおこっているのです!!

探究者　近代性の転回と、ニュー・モラルの時でしょうか……。

トランスレータ　自然破壊、経済崩壊、モラル混迷、自殺増など、まさに近代主義のツケかもしれません！　といって中世の神秘主義に逆戻りしたら、人類の前進は閉ざされましょう。

探究者　近代性からの脱皮……異次元との総合で、独自の領域をめざすことですね。歴史をふりかえりますと、人類は転換によって、それまでとは違う〝松明《たいまつ》〟、バネを掴んできたのかもしれません！

トランスレータ　まさしくそのとおりで、超能力や心霊現象など、単に入口にしかすぎません。それどころか興味本位や、からかって得意がっている連中ばかりじゃないですか？

探究者　話を他界者のコースに戻しまして――精霊界から霊界には、どんなふうに入ってゆけるのでしょうか？

トランスレータ　精霊から脱皮し、霊界に霊として誕生、ということらしい。

探究者　…………。

トランスレータ　以前に拙著『異次元への扉』（たま出版）を出版しましたが、そこに「ドリームランド」という小説を書いています。――主人公が霊界に転身し、先に他界した妻と再会するストーリーです。霊界に入る話として「オルフェ」の例こそありますものの、ギリシャ神話です。近代小説の中では、国際的にも例を知りません。

ともあれその百四十頁に、霊界誕生を紹介していまして……次ページに、大橋伸一氏が描いているところの場面です。

人が霊界に誕生する瞬間（大橋伸一画）

探究者　飛躍が大きすぎて、ついて行けませんけど……。『スウェーデンボルグの霊界日記』（たま出版）を、典拠にされたのですか？

トランスレータ　ワハハ……霊界潜入とは言えませんけど、日本でも上田秋成の『雨月物語』や、小泉八雲（ラフカディオ・ハーン）の『怪談』など、霊と人間とのコミュニケーションなら、脈々と伝えられてきたわけです。

探究者　古典の引用でかまいませんから、霊界誕生を具体的に案内してください！

トランスレータ　一口にご説明できるほど、単純ではありませんし、小説の描写に譲らせていただくしかありませんけど……。精霊界の状況が変貌し、精霊として消滅し、霊として誕生するようです。

探究者　頭が変になりそうです……。

トランスレータ　現代の宇宙研究でさえ、最先端なら、アインシュタインの革命だって、まだ素朴というところかもしれません。

探究者　――と言いますと？

トランスレータ　受け売りにすぎませんけど……宇宙そのものさえ、誕生は「無」から「有」

に転じたらしい。――これまでの論理なら、全く考えられない状況です！

探究者　…………。

トランスレータ　近代の思考法や自然界の現象論など、その領域内なら、妥当かもしれませんけど……。

探究者　妥当かどうかは保留にして……霊界に入れば、どうなっているのか、〝生まれ変わり〟のシモンズ夫人さえ、ほとんど話していないでしょう。

トランスレータ　自然界に戻ると、記憶は洗い流されるのか――そこに霊界の摂理がひそんでいるのかもしれません。

探究者　霊界摂理か……。

トランスレータ　どうやら霊界は上・中・下と三層に分かれており……生前の言行、本人自身の実像によって、おのずと適した層に入るようです。三層は環境が異なっていて、上層ならパラダイスに近く、下層では地獄にひとしいらしい。

探究者　自業自得、ということでしょうか。

トランスレータ　どうやらそのようで、それこそ二十一世紀の内面ルールとなりましょう。先人も〝因果応報〟と、叫んだところの世界です。これなら社会の不条理、神の傍観というニヒリズムさえ、転換してゆけましょう!!

探究者　もしそうであれば、声を大にして、現代の混迷、内面の濃霧を吹き払わねばなりません!!　……もしそうであれば、そういうルール、摂理を、何者が操っているのでしょうか……。

トランスレータ　『霊界日記』によれば、〝霊界太陽〟と言うものがあって――自然界の太陽と違い、胸の高さぐらいの位置に見え、光線も決して強くはない。霊たちが食べずに活動できるのも、霊界太陽から〝霊流〟が出されているためらしい。

探究者　霊界太陽ですか……いったいどういうものでしょうか?

トランスレータ　先霊たちが探求を試みましたが、残念ながら〝謎〟のままのようです。霊界太陽はすべての原動力で、神や仏の概念など、この投影かもしれません……。

探究者　人類だけがそれをキャッチし、守れるかどうか、問われているのですか?……

トランスレータ　まさしく超論理と言えそうで、二十一世紀の〝炬火《かがりび》〟とすべきかもしれません……。

探究者　でも、大勢は日常の打算や科学絶対主義で、霊界太陽なんてあざ笑うだけじゃないでしょうか？

トランスレータ　落差が激しいので、こうして出版までして、訴えようとしているわけです。

探究者　落差があろうと、コペルニクスをはじめ、文明のパイオニアたちによって、やがて修正されていったわけでしょう。打算の迎合でなく、夢に賭けることこそ、浪漫性の充溢にちがいありません！

トランスレータ　お励ましを受け、真実に謙虚であれば、孤独ではないと、勇気を与えられます。

探究者　ただし独りよがりだって決して少なくありませんし、玉石混淆かもしれませんね。それだけに本物への異端視と、独善の暴走とを、何によって判別できるか、人間の限界に突き当たる思いです。――実は科学分野で、ノーベル賞まで受けながら、後に判定の誤り、とわかった例さえ……。

トランスレータ　誤りや試行錯誤にこそ、人間の面白さ、人間らしさもひそんでいるのじゃありませんか。……いま近代文明、近代思考に、人類全体がその試行錯誤を問われている時と思えてなりません。

探究者　問われている、と思えるからこそ、異端と映るテーマに、執念を燃やしているのですね。

主要参考文献

『私は霊界を見てきた』エマヌエル・スウェーデンボルグ原著　今村光一抄訳・編
『第二の記憶』モーレ・バーンスティン著　万沢遼訳
『サイキック』アーサー・フォード著　村松仙太郎・宮崎昭威訳
『万国心霊古写真』菊地正宏編
『日本心霊科学協会研究報告』後藤以紀著

著者プロフィール
北　篤（きた・あつし）

福島県会津生まれ。早稲田大学文学部卒。

早稲田大学賛助員、日本ペンクラブ名誉会員、日本文藝家協会員、国際ペンクラブ会員。

国体のオペラ原作「乙和の椿」（のち東京文化会館にて再演）を手がける。

主な著書に「会津嶺の国」（日本図書館協会選定）、「正伝野口英世」（読書感想文高校課題図書）、「正伝野口英世　英訳版」（Books review 紹介）、心霊小説「異次元への扉」他多数。

異次元への招待状

2009年6月8日　初版第1刷発行

著　者　北　篤
発行者　韮沢 潤一郎
発行所　株式会社 たま出版
〒160-0004　東京都新宿区四谷4-28-20
電話　03-5369-3051（代表）
http://tamabook.com
振　替　00130-5-94804

印刷所　株式会社　エーヴィスシステムズ

乱丁・落丁本お取り替えいたします。

ISBN978-4-8127-0276-5 C0011